맛, 건강, 다이어트 동시에 잡는 찜기 200% 활용법

찜기 만능 레시피북

임은진 지음

메가스터디BOOKS

머리말

찜기로 차리는 여유롭고 건강한 재료 본연의 밥상

요리를 오래 하다 보면 어느 순간부터 '덜어내는 요리'의 가치를 알게 됩니다. 양념을 줄이고, 기름을 줄이고, 재료 본연의 맛으로 돌아가는 과정이죠. 그 단순함 속에서 제가 가장 매력을 느낀 조리법이 바로 찜 요리입니다.

찜은 불이나 기름 대신 수증기의 열로 식재료를 천천히 익히는 조리법입니다. 그래서 겉은 부드럽고 속은 촉촉하게, 재료가 가진 맛과 향이 그대로 살아납니다. 기름을 거의 쓰지 않기 때문에 담백하고 가벼운 맛이 나며, 지방이 자연스럽게 빠져 건강식이나 다이어트식으로도 손색이 없습니다.

또한 찜 요리는 생각보다 쉽습니다. 볶거나 굽는 요리와 달리, 찜은 밑 손질을 한 후 찜기에 넣고 기다리면 열과 수분으로 자연스럽게 완성돼요. 그 방식 덕분에 영양 손실이 적고, 재료의 풍미가 온전히 남습니다. 수증기 속에서 익어가는 재료를 보고 있노라면 거칠게 볶지 않아도, 강한 불에 익히지 않아도 음식은 충분히 맛있을 수 있다는 걸 느끼게 됩니다.

저는 이 책에서 '기름 없이도 맛있고, 매일 먹어도 부담 없는 요리'를 중심으로 레시피를 구성했습니다. 특별한 재료나 기술 없이, 냉장고 속 익숙한 재료로도 충분히 맛있게 만들 수 있는 조리법들입니다. 다양한 채소와 고기, 해산물, 두부 등을 함께 찌면 열량은 낮지만 포만감은 높아 가볍지만 든든한 한 끼가 완성돼요. 바쁜 하루 속에서도 손쉽게 건강을 챙길 수 있는, 그래서 매일 먹어도 질리지 않는 밥상이 바로 찜 요리의 진짜 힘이라고 생각합니다.

불 앞에 오래 서 있을 필요도, 타거나 눌어붙을 걱정도 없습니다. 냄비에 물을 붓고 찜기에 재료를 올린 뒤 뚜껑을 덮는 그 순간, 조용히 익어가는 음식처럼 우리의 하루도 천천히 쉬어갈 수 있기를 바랍니다. 찜 요리는 단순한 조리법을 넘어, 삶의 속도를 잠시 늦춰 주는 여유의 기술이니까요.

찜기를 활용하고 싶은데 뭘 해 먹어야 할지 잘 모르겠다는 분들 많더라고요. 그런 분들에게 이 책이 작은 아이디어가 되었으면 합니다. 또 기름기 많은 음식이 부담스러운 분, 간단하면서도 균형 잡힌 식사를 찾는 분, 다이어트 중에도 맛을 포기하고 싶지 않은 분, 가족에게 건강한 집밥을 해주고 싶은 분들에게도 참고가 되면 좋겠습니다.

이 책이 나오기까지 옆에서 묵묵히 지지를 아끼지 않은 사랑하는 나의 딸과 아들 그리고 남편에게 이 책을 바칩니다. 늘 존재만으로도 든든한, 사랑하는 나의 어머니께도 감사의 마음을 전합니다.

임은진

차례

머리말	4
찜기 요리에 사용한 계량법	11
찜기, 뭐가 좋을까? 삼발이부터 편백까지 써본 후기	12
찜기 요리가 쉬워지는 준비물	17
찜기 초보들이 가장 많이 묻는 질문들	18
그냥 쪄도 맛있다! 실패 없는 찜 재료 베스트	22
스페셜 메뉴 - 찜기로 만드는 간단 세트 요리	28

PART 1
찜기로 만드는 간단하고 맛있는 반찬

순두부달걀찜	34
명란젓찜	36
새우연근찜	38
찐우엉무침	40
미소된장두부찜	42
돼지고기가지찜	44
콩나물어묵잡채	46
모둠버섯찜	48
감자채맛살찜	50
닭안심청경채찜	52
애호박새우젓찜	54
가지꽈리고추찜	56
깻잎찜	58

PART 2
고기, 생선, 해물까지 척척 메인 요리

채소차돌말이찜	62
미나리삼겹살말이찜	64
대파수육	66
동죽찜	68
전복찜	70
오징어순대	72
양배추대패삼겹찜	74
단호박훈제오리찜	76
돼지고기양상추찜	78
목살무찜	80
대구파피요트	82
찜기잡채	84
갈릭버터새우찜	86
삼겹버섯찜	88
대파춘장불고기	90
단호박소고기찜	92
우삼겹숙주찜	94
이북식 찜닭	96
반건조우럭찜	98
순대채소찜	100

PART 3
밥솥보다 부드럽고 냄비보다 간편하게 밥 요리

토마토연어찜밥	104
문어다시마찜밥	106
오곡찰밥	108
콩나물밥	110

찐채소비빔밥	112
가지찐밥	114
찐냉이김밥	116

PART 4 · 다이어트 중에도 배부른 한 그릇 다이어트 요리

간단채소찜	120
닭가슴살카레찜	122
두부새우찜	124
양배추오징어찜	126
알배추찜	128
연어채소찜	130
파프리카달걀찜	132

PART 5 · 따뜻하고 부드러운 건강한 한 입 만두 & 디저트

간단만두	136
라이스페이퍼새우만두	138
고구마찐빵	140
막걸리술빵	142
단호박설기떡	144
쑥버무리	146

찜기 요리에 사용한 계량법

이 책의 레시피에 나오는 분량은 계량 숟가락과 계량컵을 사용하여 정리하였습니다.

1T = 계량 숟가락 1큰술 = 15mL

1t = 계량 숟가락 1작은술 = 5mL

1컵 = 계량컵 1컵 = 200mL

1줌 = 채소 등을 엄지손가락과 검지손가락으로 가볍게 쥔 정도의 양

1꼬집 = 가루 형태의 재료를 손가락 두세 개(엄지, 검지, 중지)로 집었을 때의 양

찜기, 뭐가 좋을까?
삼발이부터 편백까지 써본 후기

전 다양한 실험을 위해 총 네 종류의 찜기를 사용하였습니다. 이 책에 나온 레시피는 이 도구들 중 아무거나 한 가지만 있어도 거의 대부분 만들 수 있으니 집에 있는 도구를 최대한 활용해 보세요.

　새로 구입하시는 분들을 위해 추천하자면, 기본적으로 스테인리스 찜기가 활용하기 쉽습니다. 1~2인 가구는 지름 20cm, 대용량 요리를 즐기시면 지름 28~32cm 정도 사이즈면 적당합니다. (참고로 이 책에 사용된 찜기 사이즈는 대나무/편백/작은 스텐 찜기는 20cm, 큰 스텐 찜기는 28/32cm입니다.)

삼발이 찜기

장점
- 가격이 저렴하고 어디서나 구하기 쉬워요.
- 공간을 적게 차지해요.
- 어떤 냄비든 호환해서 사용할 수 있어요.
- 세척 및 보관이 편리해요.

단점
- 큰 재료나 많은 양을 한꺼번에 찌기엔 부적합해요.
- 자주 쓰다 보면 접었다 폈다 하는 연결 부위가 고장이 날 수 있어요. 가끔 틈새에 녹이 스는 경우도 있습니다.

추천 요리

- 감자, 고구마, 옥수수
- 간단한 만두, 찐빵, 달걀찜
- 소량의 채소찜

구매 & 사용 팁

- 다리 높이가 3cm 이상인 걸 고르면 물에 닿지 않아 좋아요.
- 자주 쓸 냄비 지름보다 1~2cm 작은 걸 선택하면 효율적으로 사용할 수 있어요.
- 구멍 사이에 음식물이 눌어붙어 잘 빠지지 않을 때는 볼에 뜨거운 물을 붓고 베이킹소다를 녹여 20~30분 담가두었다가 세척하면 제거가 잘 됩니다.
- 오염이 심할 때는 냄비에 삼발이가 잠길 정도로 물을 붓고 과탄산소다를 1~2숟가락 넣고 끓이면 깨끗해집니다.

스테인리스 찜기(냄비 + 찜틀 세트 구성)

장점
- 내구성이 뛰어나서 한번 사면 평생 써요.
- 세척이 간편해서 위생적이고 냄새나 색 배임 걱정이 없어요.
- 사이즈가 다양하고 다단 찜기로 확장 가능한 제품들도 있어 많은 양의 찜 요리에도 유용해요.

단점
- 무게감이 있고 부피가 커요.
- 찌는 과정에서 뚜껑에 물방울이 맺혀 재료로 떨어지기 때문에 윗부분을 면포 등으로 덮어두지 않으면 요리의 수분감이 많아져요. (염도를 낮춘 찜 요리, 국물이 자작한 찜 요리 등을 만들 때 적합합니다.)

추천 요리
- 고기찜(돼지고기 수육, 닭찜 등)
- 해산물찜, 왕만두, 떡류
- 많은 양의 채소찜

구매&사용 팁
- 316 또는 316Ti 스테인리스 소재가 부식에 매우 강해서 좋아요.
- 뚜껑이 유리면 내부 상태 확인이 편해요.
- 바닥 면의 스팀홀이 너무 작으면 수증기 순환이 안 되므로, 구멍 간격과 크기가 적당한지 확인하세요.

*참고: 우주선(돔형) 찜기
- 찜틀과 뚜껑만 있는 형태로, 집에 있는 사이즈 맞는 냄비나 웍 위에 얹어서 사용 가능해요.
- 뚜껑이 높아서 부피가 큰 재료(큰 양배추, 단호박 등)도 넉넉하게 담아 찔 수 있어요. 그런 만큼 부피가 커서 보관이 좀 불편하다는 단점이 있습니다.

대나무 찜기

장점
- 은은한 대나무 향이 음식에 배어들어요.
- 수분이 잘 순환해 음식이 더 촉촉하고 부드럽게 쪄져요.
- 사이즈 맞는 아무 냄비 위에나 올려 사용할 수 있어 편리해요.
- 가벼워서 여러 층으로 쌓아 쓰기 좋아요.
- 스텐 제품과 달리 뚜껑에 물 맺힘이 없어 요리에 수분이 떨어져 질척해질 걱정이 덜해요.

단점
- 세척 후 건조 관리가 필수예요. (곰팡이, 냄새 배임이 생길 수 있어요)
- 스테인리스 찜기에 비해 수명이 짧아요. (자주 쓰면 1~2년 내 교체가 필요해요)
- 사이즈가 딱 맞는 냄비가 필요해요.

추천 요리
- 만두, 찐빵, 딤섬
- 고기, 생선 등 향이 어우러지는 음식

구매 & 사용 팁
- 냄비보다 1~2cm 지름이 큰 제품으로 구매해야 증기가 새지 않아요.
- 사용 후 물기를 완전히 건조한 후 통풍이 잘 되는 곳에 보관해야 합니다.
- 오염이 심하지 않으면 주방 세제 사용은 권하지 않습니다. 생선 등 향이 강한 음식을 찐 뒤에는 베이킹소다를 섞은 물로 세척해 주세요.
- 바닥 구멍 사이를 씻을 때는 식물성 소재의 천연 세척 솔을 추천합니다.

편백 찜기

장점
- 편백 향으로 음식의 풍미가 좋아져요.
- 대나무에 비해 항균, 항곰팡이 성질이 있어요.
- 수분을 부드럽게 머금어 음식이 촉촉하게 쪄져요.
- 외관이 고급스러워 그대로 식탁에 올려도 그럴싸해요.

단점
- 물기, 온도, 습도에 민감해 관리가 어려워요.
- 장시간 열에 노출되면 갈라질 수 있어요.
- 금속 찜기보다 가열 시간이 길고 고온의 찜에는 부적합해요.

추천 요리
- 고기찜(삼겹살, 차돌, 닭가슴살 등)
- 채소찜, 버섯찜, 두부 요리

구매&사용 팁
- 바닥 물받이가 물에 직접 닿지 않는 구조인지 확인하세요.
- 사용 후 바로 물기를 제거하고 반드시 그늘에서 건조시켜 주세요.
- 식초를 탄 물로 한 번씩 소독하면 냄새와 변색 예방에 도움이 돼요.

찜기 요리가 쉬워지는 준비물

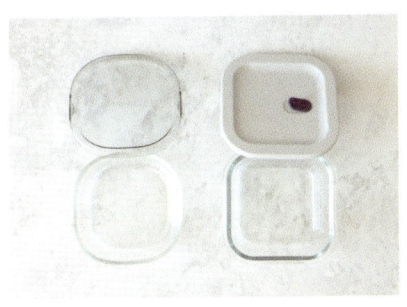

내열 용기
수분이 많은 달걀찜이나 양념을 섞어야 하는 명란찜 같은 요리에 잘 어울립니다. 형태를 유지해야 하는 음식(컵케이크류 등)을 만들 때에도 좋아요. 재료가 흘러내리지 않아 모양이 단정하게 유지됩니다.

면포
음식이 물에 직접 닿지 않도록 막아주는 얇은 천이에요. 부드럽고 점성이 있는 재료를 찔 때 유용합니다. 특히 떡이나 빵을 만들 때 아래는 물론 윗부분까지 충분히 덮어 표면이 손상되지 않게 보호해 주면 좋아요.

실리콘 깔개
국물이 거의 없거나 바닥에 쉽게 눌어붙는 음식을 찔 때 편리합니다. 찜기 바닥에 한 장 깔아두면 음식이 들러붙지 않고 깔끔하게 조리돼요. 사용 후에는 세척 후 물기를 완전히 말려 보관하세요.

종이 포일
한 번 쓰고 버릴 수 있어 음식물 달라붙음이나 냄비 오염을 막아줘 편리합니다. 양념찜, 생선찜, 고기찜처럼 국물이 자박한 요리나 냄새가 강한 재료를 찔 때 특히 유용해요. 찜기에 깔기 전 한번 구겨주면 모양 잡기가 수월합니다. 종이 포일은 수증기가 통과하기 어렵기 때문에 작은 구멍을 송송 뚫어 증기가 순환되도록 해주는 게 좋아요. 국물이 많은 요리의 경우 구멍을 너무 많이 내면 양념이 밑으로 새어 나가므로, 구멍을 내는 대신 종이 포일의 폭을 조금 좁혀 찜기 바닥의 구멍이 일부 보이게 조절해 주세요.

찜기 초보들이 가장 많이 묻는 질문들

Q1 언제 찜기를 올려야 하나요? 냄비의 물을 끓이기 시작할 때부터 올리는 건지, 물이 끓고 나서 올리는 건지 궁금해요.

A 대부분의 찜 요리는 물이 끓어오른 뒤 찜기를 올리는 것이 기본이에요. 물이 끓기 전에 넣으면 내부 온도가 천천히 올라가 음식이 '삶기'에 가까워지고 질척해질 수 있습니다. 끓는 물 위의 강한 수증기는 재료 겉을 빠르게 익혀 모양을 잡아주고, 내부로는 천천히 열이 들어가 속까지 균일하게 익게 해줍니다.

Q2 물이 끓기 전부터 찜기를 올리는 경우도 있나요?

A 단호박처럼 부피가 크고 단단한 재료나, 곡물처럼 익는 데 시간이 오래 걸리는 재료의 경우에는 재료 속까지 열이 천천히 들어가야 하기 때문에 물이 끓기 전부터 찜기를 올리고 천천히 열이 들어가도록 해야 합니다. 그래야 속까지 골고루 익어요.

Q3 찌는 중간에 뚜껑을 열어도 되나요?

A 기본적으로는 열지 않는 것이 좋아요. 뚜껑을 여는 순간 수증기가 빠져나가면서 내부 온도가 급격하게 20~30℃ 떨어지고, 습도가 낮아져 음식이 마르거나 갈라질 수 있습니다. 다만, 예외가 있어요. 중간중간 물을 보충해 줘야 하는 찐밥 같은 요리나 중간에 한 번 위아래 양념이 고루 섞이도록 뒤적여야 하는 요리의 경우에는 빠르게 뚜껑을 열고 작업한 뒤 찌는 시간을 2~3분 정도 늘려 주세요.

Q4 익힘 정도를 확인하기 위해 뚜껑을 열어야 할 때는 어떻게 하나요?

A 가급적 조리 후반(80~90% 정도 익었을 때)에 뚜껑을 한쪽만 살짝 열어 김을 빼고 빠르게 확인하세요. (유리 뚜껑을 사용하면 내부 상태를 눈으로 확인할 수 있어 편리합니다.)

Q5 찜 요리에 필요한 물의 양은 얼마나 되나요?

A 찜기 냄비의 크기와 깊이에 따라 다르지만, 10분 이내 조리라면 약 300mL 정도면 충분합니다. 강불에서 오래 찌는 요리는 수분이 빨리 증발하므로 물 양을 조금 더 늘려주세요.

Q6 찌는 중간에 냄비의 물이 부족하면 어떻게 해야 하나요?

A 찜기 뚜껑을 잠깐 열어 뜨거운 물을 보충한 뒤 즉시 닫아주세요. 이때 찬물을 넣으면 온도가 떨어져 조리 시간이 늘어납니다.

Q7 만두를 찔 때 찜기 바닥에 만두피가 자꾸 달라붙어 찢어지는데 어떡하죠?

A 스테인리스 찜기를 사용할 때는 만두를 올리기 전 냄비에 찜기를 먼저 올리고 물을 충분히 끓여 수증기로 찜기 표면을 코팅한 뒤 만두를 올리면 달라붙지 않습니다. 가장 안전한 방법은 면포나 실리콘 깔개를 사용하는 거예요. 배추 잎이나 양배추 잎을 깔고 쪄서 함께 먹는 것도 좋은 아이디어가 될 수 있어요.

Q8 찜 요리 할 때 재료 위에 천이나 덮개를 덮는 건 어떤 경우인가요?

A 두 가지 목적이 있어요. 뚜껑의 물방울이 음식 위로 떨어져 질어지는 것을 방지하기 위해서, 그리고 음식 표면이 마르거나 갈라지지 않도록 수분을 유지하기 위해서예요.

Q9 찜 요리는 반드시 뚜껑을 덮어야 하나요?

A 네. 항상 뚜껑을 덮고 찌는 것이 원칙입니다. 수증기가 빠지면 열과 습도가 급격히 떨어져 제대로 쪄지지 않습니다.

Q10 냉동 떡이나 빵은 해동 후 쪄야 하나요?

A 아닙니다. 얼린 상태 그대로 찌면 촉촉하게 해동이 되며 데워지므로 굳이 먼저 해동할 필요는 없어요. 사실 냉동 떡이나 빵은 자연해동 후 바로 먹어도 되지만, 찜기를 이용하면 식어도 훨씬 부드럽고 촉촉하게 유지돼요.

Q11 찜기 조리와 전자레인지 조리는 어떤 차이가 있나요? 비슷하지 않나요?

A 수증기는 음식 전체에 열을 전달합니다. 반면 전자레인지는 전자파로 음식 속 수분을 직접 진동시켜 내부 발열을 일으키는 방식입니다. 찌는 방식은 천천히 균일하게 온도가 상승하고, 전자레인지는 빠르게 내부부터 온도가 상승하기 때문에 겉과 속의 온도 차가 발생할 수 있어요. 증기로 익히는 찜 요리는 수분이 유지되는 반면, 전자레인지 조리는 상대적으로 수분 증발 가능성이 있어 음식이 건조해지는 편입니다. 채소의 경우 찌게 되면 아삭하고 색이 선명하지만 전자레인지에 돌리면 수분이 빠져 살짝 푸석하고 색이 어두워질 수 있습니다. 떡이나 만두의 경우 찌면 표면이 매끈하고 속까지 촉촉하지만, 전자레인지에 돌리면 겉이 질척하거나 일부 딱딱해지는 현상이 생길 수 있습니다. 고기는 찌면 육즙을 유지하고 부드러운 식감을 유지하지만, 전자레인지에 돌리면 육즙이 손질되고 식감이 퍽퍽해지기도 합니다.

Q12 많은 양의 여러 가지 재료를 동시에 찔 때 주의할 점이 있나요?

A 재료는 비슷한 크기로 잘라야 골고루 익습니다. 그리고 수증기가 통과하도록 1~2cm 간격을 두고 배치하세요. 이때 단단한 재료는 아래에, 부드러운 재료는 위쪽에 올리는 게 좋습니다. 찜기 안을 너무 꽉 채우면 수증기 통과가 안 돼서 일부가 덜 익을 수 있으니 주의하세요.

Q13 찐 다음 '뜸 들이기'가 필요한 이유는 뭔가요?

A 찌고 나서 불을 끈 뒤 재료를 바로 꺼내지 않고 그대로 넣어두는 것을 뜸 들이기라고 합니다. 뜸을 들이는 동안 잔열과 증기가 재료 속까지 고루 퍼지기 때문에 재료 전체가 균일하게 익고 촉촉하게 유지되며 식감 또한 좋아집니다. 증기와 잔열이 재료 안에서 순환되면서 향이 잘 배고 풍미가 살아납니다.

감자, 고구마, 단호박처럼 열이 내부까지 도달하기 어려운 재료는 불을 끄고 5~10분간 뜸을 들이면 중심까지 열이 골고루 퍼집니다. 밥이나 떡처럼 수분 유지가 중요한 음식도 뜸을 들이면 외부의 수증기가 내부로 스며들어 밥은 더 찰지고, 떡은 더 촉촉해집니다.

Q14 레시피 분량보다 많은 양의 재료를 찔 때는 시간을 어떻게 조절하나요?

A 용량이 많을수록 증기 통과가 느려지기 때문에 찌는 시간이 증가해요. 재료가 2배로 많으면 찜 시간은 약 1.3~1.5배로 늘려 주면 됩니다. 냄비가 꽉 찬 상태라면 찌는 시간을 3~5분 정도 늘려 주세요.

🥘 그냥 쪄도 맛있다! 실패 없는 찜 재료 베스트

고구마

- 중간 크기 3~4개
- 중약불 20~25분 + 뜸 들이기 5분

감자

- 중간 크기 2~3개
- 중약불 20~25분 + 뜸 들이기 5분
- 고구마, 감자 종류는 젓가락으로 찔러 속까지 잘 익었는지 체크하는 게 가장 정확해요.

초당옥수수	밤

- 중간 크기 5~6개
- 중약불 10분
- 초당이 아닌 일반 옥수수라면 간을 약간 해줘야 하기 때문에 찜이 아니라 냄비에 담고 옥수수가 잠길 정도의 물에 소금과 설탕을 넣고 삶는 방식을 추천합니다.

- 중간 크기 500g
- 처음부터 찜기에 올려 강불에서 물이 끓기 시작하면 중불로 낮춰 25분 + 뜸 들이기 10분
- 밤은 소금 1숟가락을 녹인 물에 1시간 정도 담가두었다가 깨끗이 세척하여 찌세요.

브로콜리

- 1개(200~300g)
- 중강불 3~4분

단호박

- 중간 크기(지름 15cm 정도) 1개
- 통 - 중약불 20분 + 뜸 들이기 5분

  4등분 - 중약불 8~10분
- 미니 밤호박(지름 10cm 이내) - 중약불 10분

양배추	꽃게

• 큰 사이즈 ¼통 • 중약불 6~8분	• 중간 크기 5~6마리 • 중불 15분 + 뜸 들이기 10분 • 끓이는 물에 레몬 1조각을 넣어주면 비린 맛을 잡을 수 있어요. 꽃게 위에 맛술을 고루 뿌려서 쪄주면 더 담백하고 달큰하니 맛있어요.

시판 만두	시판 찐빵

- 왕교자 10개
- 중불 10분

- 5~6개
- 중약불 5~10분
- 제품 설명서에 적혀 있는 시간대로 찌는 게 가장 맛있습니다.

냉동식빵

- 2장
- 중약불 1분 30초

냉동떡

- 송편, 꿀떡(소) 20개 내외
- 중약불 5~6분

스페셜 메뉴
찜기로 만드는 간단 세트 요리

다이어트 한끼

- 닭가슴살 + 달걀 + 고구마 + 단호박 + 브로콜리 + 방울토마토
- 중불 15분
- 한 입 크기로 썬 닭가슴살은 소금과 후춧가루로 간을 해도 좋고, 200g 기준으로 간장 1T, 맛술 ½T, 알룰로스 약간, 후춧가루를 넣고 고루 버무려 쪄도 좋아요. 적당한 크기로 썬 채소와 달걀은 그대로 쪄주세요. 브로콜리는 빨리 익으니 아삭한 식감을 즐기려면 3~4분만 찌고 먼저 꺼내주세요.

건강한 한끼

- 연어 + 버섯/그린빈/연근 + 달걀찜
- 중불 15분
- 연어는 소금, 후춧가루로 가볍게 간을 해도 좋고, 200g 기준으로 미소된장 1T, 맛술 2T, 알룰로스 ½t를 고루 섞어 발라준 뒤 쪄도 맛있어요. 달걀 1개는 내열 용기에 담고 물 180mL와 소금 2꼬집을 넣고 고루 섞은 뒤 랩을 씌워 같이 쪄주세요. 연근, 버섯, 그린빈은 한 입 크기로 썬 다음 소금, 후춧가루만 뿌려 가볍게 간해주세요.

브런치 한끼

- 냉동 빵 + 오믈렛(달걀, 방울토마토, 브로콜리, 버섯, 치즈) + 감자 + 소시지
- 중불 10분
- 먹기 좋게 썬 방울토마토와 브로콜리, 버섯에 소금 간을 한 달걀 1개를 풀어 넣고 치즈를 올려 찌면 근사하면서도 든든한 오믈렛이 된답니다. 냉동 빵은 1~2분 뒤 먼저 꺼내고 나머지 재료를 충분히 익혀 주세요.

PART 1

찜기로 만드는 간단하고 맛있는 반찬

순두부달걀찜

고단백 저칼로리로 즐길 수 있는 건강한 찜 요리입니다.
반찬으로도 좋고, 아침 식사로 부담 없이
한 그릇씩 챙겨 먹기에도 좋아요.
부드러운 식감과 고소하고 담백한 맛이 일품이에요.

찌는 시간
중불
15~20분

분량 3인분 | 난이도 ✦◇◇

재료

순두부 … 300g
달걀 … 3개
당근 … 30g
쪽파 … 4줄기(10g)
다시마 육수 … ½컵

양념

맛술 … 1t
쯔유 … 1t
소금 … ¼t

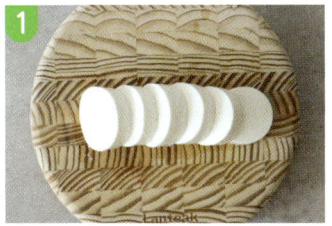

순두부는 1.5cm 정도 두께로 썰어요.

당근과 쪽파는 잘게 다져주세요.

그릇에 달걀과 분량의 양념 재료, 다시마 육수를 넣습니다.

3에 2의 다진 채소를 넣고 고루 섞어주세요.

내열 유리 용기 3개에 순두부를 담고 4의 달걀물을 부은 뒤 찜기에 넣고 유리 뚜껑을 살짝 숨구멍이 생기도록 걸친 채로 찜기의 뚜껑을 덮고 가열합니다.

찜기의 물이 끓기 시작하면 중불에서 15~20분간 찝니다. 달걀물이 익으면 불을 끄고 꺼내 식탁에 올려 바로 드세요.

 TIP

- 순두부는 봉지째 반으로 자른 뒤 세로 방향으로 세워 살짝 눌러주면 모양 그대로 분리할 수 있어요.
- 다시마 육수는 씻은 다시마 1조각을 분량의 물에 넣고 10~20분 우려내면 됩니다.
- 내열 유리 용기에 뚜껑이 없는 경우 랩을 씌워 젓가락으로 구멍을 살짝 뚫어주세요.
- 취향에 따라 참기름을 살짝 뿌려서 먹어도 맛있어요.

명란젓찜

명란젓을 쪄서 먹으면 비린 맛 없이 고소하고
알이 살짝 익으면서 톡톡 터지는 식감도 더해져서 좋아요.
여기에 갖가지 양념과 채소를 다져 올려 함께 찌면,
짠맛은 줄이고 더 건강하게 반찬으로 즐길 수 있어요.
맛있게 찐 명란젓찜은 갓 지은 밥 위에 올려 드셔 보세요!

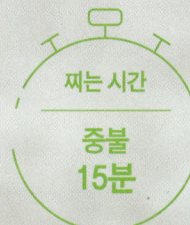

찌는 시간
중불
15분

분량 2인분 | **난이도** ✦◇◇

재료
명란 … 3~4개
양파 … ½개
청양고추 … 1개
홍고추 … 1개
쪽파 … 약간
참기름 … 1t
깨소금 … 1t

양념
고춧가루 … 1t
맛술 … ½T
다진 마늘 … 1t

1. 명란젓은 먹기 좋게 잘라주세요.

2. 양파와 청양고추는 얇게 슬라이스 하고, 홍고추는 4등분 해서 잘게 자르고 쪽파는 다집니다. 분량의 재료를 섞어 양념도 만들어 둡니다.

3. 내열 용기에 양파를 깔고 명란젓과 양념, 고추까지 모두 올린 뒤 랩으로 덮어 김이 오른 찜기에 올린 다음 중불에서 15분간 찝니다.

4. 잘 쪄진 명란젓은 한 김 식힌 뒤 참기름과 깨소금, 다진 쪽파를 뿌려 고루 섞어 드세요.

 **TIP**
- 명란은 저염 명란을 사용하면 짜지 않게 즐길 수 있어요.
- 명란 껍질을 제거하고 알만 분리해 양념과 고루 섞어 쪄도 좋습니다.
- 명란젓을 완전히 익혀서 먹어도 되고 반만 익혀 먹어도 맛있으므로 취향대로 즐기면 됩니다.

새우연근찜

아삭한 연근 사이에 쫄깃탱글 새우 살을 가득 채워
단짠 소스와 함께 먹는 요리예요. 입안 가득 행복한 식감!
고급스러운 맛에 모양도 예뻐서 손님 대접 하기도 좋습니다.

찌는 시간
중불
10분

분량 2~3인분 | 난이도 ✦✦✧

재료

연근(소) … 1개(150g)
새우(소) … 20마리(300g)
당근 … ⅕개
부추 … 10~12줄기
전분 … 1T
맛술 … 1t
소금 … 2꼬집
후춧가루 … 2꼬집

소스

물 … ¾컵
간장 … 2t
굴소스 … 1t
알룰로스 … 1t
식초 … 1t
맛술 … 2t

전분물

전분 … ½T
물 … 1½T

1

연근은 껍질을 깎아 깨끗이 씻고 3~5mm 두께로 얇게 썬 다음 물 1L에 식초 1T, 소금 1T를 섞어 10분 정도 담가둡니다.

2

새우와 당근, 부추는 곱게 다져 준비합니다.

3

2의 재료에 소금, 후춧가루, 맛술, 전분을 넣고 고루 섞어주세요.

4

연근에 **3**의 반죽을 1숟가락 올린 뒤 연근을 반달 모양으로 접어주거나, 연근 사이에 샌드위치처럼 새우 반죽을 도톰하게 넣어주세요.

5

찜기의 물이 끓으면 **4**를 찜기에 넣고 중불에서 10분간 찝니다.

6

소스 재료를 모두 팬에 넣고 한소끔 끓인 뒤 분량의 재료를 섞어 만든 전분물을 넣어 농도를 맞춘 다음 그릇에 담은 연근찜에 고루 뿌려주면 완성입니다.

 TIP

- 쏨땀 채칼로 연근 껍질을 깎으면 모양이 더 예뻐요.
- 연근의 아삭한 식감을 좋아한다면 조금 더 도톰하게 썰어도 좋아요.
- 새우 대신 다진 돼지고기를 사용해도 맛있어요.

찐우엉무침

향이 강한 우엉을 한 번 쪄서 진미채와 함께 겉절이처럼 무쳐 먹는 반찬이에요.
아삭하게 씹히는 우엉과 양념 가득 머금은 진미채를 함께 드셔 보세요.
식감과 맛의 조화가 정말 훌륭할 거예요!
액젓 베이스의 양념이라 김치처럼 즐기기에도 좋답니다.

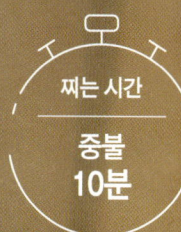

찌는 시간
중불
10분

분량 2~3인분 | 난이도 ♦◇◇

재료
우엉 … 2뿌리(250g)
진미채 … 80g
쪽파 … 8줄기

양념
액젓 … 1T
매실액 … 1t
다진 마늘 … 1t
고춧가루 … 1T
설탕 … ½t

1 우엉은 껍질을 깎고 깨끗이 씻어 손가락 2마디 길이로 자른 뒤 4~6등분 해 막대 모양으로 잘라주세요.

2 1의 우엉은 식초 1T를 넣은 물 1L에 잠시 담가둡니다.

3 진미채는 먹기 좋게 자르고, 쪽파도 우엉과 비슷한 길이로 잘라 준비합니다.

4 우엉과 진미채를 함께 찜기에 담고 중불에서 10분 쪄주세요.

5 잘 쪄진 우엉과 진미채를 완전히 식힌 뒤 분량의 양념 재료를 넣고 버무립니다.

6 쪽파를 넣고 고루 버무려 간을 본 뒤, 부족한 간은 입맛에 맞게 추가하세요.

TIP
- 우엉을 썰어 식초물에 잠깐 담그면 아린 맛도 빠지고 갈변도 막아줍니다.
- 진미채 없이 우엉만 무쳐 먹어도 맛있어요.
- 액젓 맛을 좋아하지 않는다면 간장으로 대체해도 괜찮아요.

미소된장두부찜

부드러운 두부와 짜지 않은 된장 소스를 함께 먹는 요리예요.
가벼운 아침 식사로 즐기기에도 손색없는, 포만감 또한 훌륭한 두부찜이랍니다.
조금 더 풍성하게 즐기고 싶다면 각종 버섯을 더해 보세요!

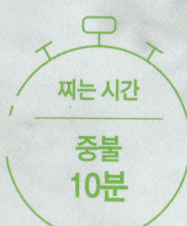

찌는 시간
중불
10분

분량 1~2인분 | 난이도 ✦◇◇

재료
두부 … 1모
양파 … ¼개
만가닥버섯 … 1줌
표고버섯 … 1개
양배추 잎 … 2~3장
청양고추 … 1개
대파 … 약간
깨 … 1t

소스
미소된장 … 1T
간장 … ½T
알룰로스 … 1t
맛술 … 2T
참기름 … 1t
다진 마늘 … 1t
물 … 2T

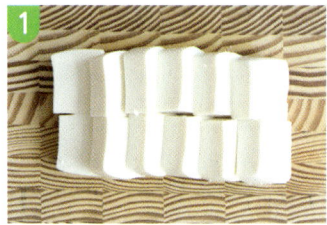

1 두부는 1.5cm 두께로 도톰하게 썰어주세요.

2 만가닥버섯은 하나씩 뜯고, 양파는 채 썰고, 표고버섯은 모양 살려 납작하게 썰고, 대파와 고추는 송송 썹니다.

3 종이 포일을 깐 찜기에 양배추 잎을 깔고 두부를 올려 담아주세요.

4 두부 위에 양파와 버섯을 올려주세요.

5 분량의 소스 재료를 고루 섞은 뒤 4에 뿌립니다.

6 중불에서 10분간 찐 뒤, 마지막에 2의 대파와 고추를 올리고 깨를 뿌려 마무리합니다.

TIP
- 취향에 따라 애호박이나 가지를 함께 쪄서 먹어도 맛있어요.
- 마지막에 들기름을 살짝 두르면 고소한 맛이 업그레이드됩니다.
- 아이들과 함께 먹는다면 매운맛을 내는 청양고추는 생략해도 괜찮습니다.

돼지고기가지찜

돼지고기와 가지는 궁합이 좋은 식재료 조합이에요.
가지 속 비타민 E는 돼지고기와 함께 요리하면 흡수율이 더 높아지고,
가지에 부족한 지방과 단백질을 돼지고기로 보충할 수 있어요.
반찬으로 먹어도 좋고 건강한 한 그릇 식사로 즐겨도 좋은 메뉴예요.

찌는 시간
중불 10분

분량 2~3인분 | 난이도 ✦✦✧

재료
가지 … 2개(300g)
돼지고기(불고기용) … 200g
소금 … 2꼬집
후춧가루 … 2꼬집
맛술 … 1t

소스
토마토 … ½개
양파 … ¼개
간장 … 1T
화이트발사믹식초 … 1T
올리브유 … 2T
다진 마늘 … 1t
소금 … 1꼬집
후춧가루 … 1꼬집

1. 가지는 꼭지를 제거한 뒤 2등분 해 1cm 두께로 슬라이스하고, 돼지고기는 소금, 후춧가루, 맛술로 밑간 해요.

2. 찜기에 가지와 돼지고기를 교차로 담아 중불에서 10분간 쪄주세요.

3. 토마토와 양파는 잘게 다진 뒤 나머지 소스 재료와 섞어 준비하세요.

4. 그릇에 2의 가지와 돼지고기를 담고 소스를 고루 뿌려 드세요.

 **TIP**
- 돼지고기 대신 두부를 이용해 만들어도 담백하니 맛있어요.
- 고기 밑간할 때 소금은 100g당 1꼬집 정도를 넣어주면 적당합니다.
- 화이트발사믹식초는 일반 식초와 달리 단맛이 함께 납니다. 요리나 소스의 맛을 한층 더 고급스럽게 만들어 줘서 제가 즐겨 사용하는 재료예요.

콩나물어묵잡채

찜기 대신 냄비나 웍에 재료와 양념을 모두 담아
약간의 물을 넣고 가볍게 쪄내듯 끓인 뒤 섞어 먹는 간단 잡채예요.
아삭한 콩나물과 쫄깃한 어묵, 쫀득한 당면의 식감이 매력적으로 어우러져요.
냉장고 속 각종 자투리 채소들을 더해 영양 가득 한 끼 반찬으로 즐겨보세요!

찌는 시간
중불 5~6분
+
중약불 5분

분량 2~3인분 | 난이도 ✦✦✧

재료

당면 … 100g
콩나물 … 200g
사각 어묵 … 1장
양파 … ½개
당근 … ¼개
부추 … 10줄기
물 … ½컵
참기름 … 1T
깨 … 1t

양념

물 … ½컵
간장 … 2T
굴소스 … 1T
맛술 … 1T
올리브유 … 1T
다진 마늘 … 1t
고춧가루 … 1½T
알룰로스 … 1t
후춧가루 … 약간

1 마른 당면은 미리 물에 담가 1시간 정도 불려주세요.

2 양파, 당근, 어묵은 먹기 좋게 채 썰고, 부추는 채 썬 재료들과 비슷한 길이로 자릅니다.

3 웍에 씻은 콩나물, 불린 당면, 양파, 당근, 어묵을 담아주세요.

4 물 ½컵을 부은 뒤 뚜껑을 덮고 끓기 시작하면 중불에서 5~6분 끓여요.

5 분량의 양념 재료를 모두 섞어 4에 넣고 중약불로 낮춘 뒤 고루 섞으면서 5분 더 끓여줘요.

6 양념이 거의 졸아들면 불을 끄고 부추, 참기름, 깨를 넣어 고루 섞어주세요.

 **TIP**
- 일반 콩나물보다는 약간 굵은 콩나물을 사용하면 아삭한 식감이 더 살아 있어 맛있어요.
- 양념에서 고춧가루를 빼고 만들면 일반 잡채 맛이 나요.
- 버섯 등을 더해도 맛있으니 냉장고 속 재료 사정에 맞춰 채소는 가감하세요.

모둠버섯찜

다양한 버섯에 감칠맛 가득한 소스를 더해 쪄 먹는 요리예요.
고기 없이도 쫄깃하고 맛있는 식감을 풍성하게 즐길 수 있답니다.
버터 한 조각으로 고소함까지 더해 보세요.
밥 위에 올려 덮밥으로 먹어도 좋아요.

찌는 시간
중불
5~6분

분량 2인분 | 난이도 ✦✧✧

재료
모둠 버섯 … 200g
대파 … ½개
버터 … 10g
참기름 … 1T

양념
굴소스 … 1T
간장 … 1T
맛술 … 1T
후춧가루 … 2꼬집

1. 버섯은 밑동을 잘라내고 먹기 좋게 찢거나 잘라요.

2. 찜기에 종이 포일을 깔고 버섯을 모두 담아주세요.

3. 분량의 양념 재료를 섞어 양념을 만듭니다. 버섯 위에 대파와 작게 조각낸 버터를 올린 뒤 양념을 고루 뿌려주세요.

4. 물이 끓어오르면 찜기를 올려 중강불에서 5~6분간 찐 뒤 참기름을 둘러 마무리합니다.

 TIP
- 새송이, 표고, 만가닥, 팽이 등 어떤 버섯이든 괜찮아요.
- 양파, 당근, 파프리카, 숙주 등 다른 채소를 곁들여 함께 쪄 먹어도 어울려요.
- 단백질 추가를 위해 두부나 삶은 병아리콩, 닭가슴살 등과 함께 먹어도 좋아요.

감자채맛살찜

기름진 감자볶음 대신 담백하고 깔끔한 감자채찜으로 만들어 보세요!
감자의 아삭한 식감에 살짝 새콤한 양념이 더해져
입맛을 돋워주는 이색 반찬이랍니다.

찌는 시간
중강불
10분

분량 2인분 | **난이도** ✦◇◇

재료
감자 … 2~3개
당근 … ¼개
게맛살 … 2~3줄
청양고추 … 1개(선택)
깨소금 … 1T

양념
간장 … 1T
식초 … 1T
참기름 … 1T
다진 마늘 … 1t
소금 … 2꼬집

1. 감자는 곱게 채 썰어 물에 2~3번 헹궈 전분기를 제거해주세요.

2. 당근과 청양고추는 감자채와 비슷한 길이로 채 썰고, 게맛살도 비슷한 길이로 가늘게 찢어주세요.

3. 분량의 재료를 섞어 양념을 만든 뒤, 양념과 감자, 당근, 게맛살, 청양고추를 고루 섞어 종이포일을 깐 찜기에 담습니다.

4. 물이 끓어오르면 찜기를 올려 중강불에서 10분간 찐 뒤 부족한 간은 소금으로 맞춰주세요. 마지막으로 깨소금을 뿌려 완성합니다.

 **TIP**
- 게맛살 대신 베이컨을 얇게 채 썰어 넣어도 맛있어요.
- 새콤한 맛이 싫다면 식초는 생략하고 소금으로 간을 맞춰주세요.

닭안심청경채찜

아삭한 청경채에 담백하고 촉촉한 닭안심을 곁들여 드셔 보세요.
반찬으로도 좋지만, 간단한 한 끼 식사로 즐기기에도 손색없는
포만감이 꽤 높은 메뉴랍니다.

찌는 시간
중강불
15~20분

분량 2인분 | 난이도 ✦✦✧

재료
닭안심 ··· 300g
청경채 ··· 5포기
생강 ··· 1쪽
대파 ··· 1개
깨소금 ··· 1T

양념
미소된장 ··· 1T
간장 ··· 1T
화이트발사믹식초 ··· 1T
다진마늘 ··· 1t
맛술 ··· 1T
참기름 ··· 1t

1 닭안심은 힘줄 제거 후 분량의 양념 재료를 모두 넣고 잘 버무립니다.

2 찜기에 종이 포일을 깐 뒤 채 썬 생강과 어슷하게 썬 대파를 바닥에 깔고 **1**의 닭안심을 올려주세요.

3 가장자리에 청경채를 돌려 담고 물이 끓으면 찜기를 올려 중강불에서 10분간 찝니다.

4 **3**의 찜기 뚜껑을 열고 청경채만 먼저 꺼냅니다.

5 **4**의 닭을 잘 펼친 뒤 중강불에서 5~10분 더 쪄서 속까지 완전히 익혀주세요.

6 접시에 **5**의 닭과 채소를 청경채와 함께 담고 깨소금을 고루 뿌려 완성합니다.

TIP
- 취향에 따라 마지막에 레몬즙을 살짝 뿌려주면 더 고급스러운 풍미가 느껴집니다.
- 손님상에 낼 때는 닭안심을 소스에 버무리지 않고 소스를 곁들여 내도 좋아요. 닭안심은 소금, 후춧가루로만 가볍게 밑간하고, 소스 재료는 따로 볼에 넣어 섞은 뒤 닭을 찐 육수를 추가해 농도를 조절한 다음 곁들여 내어도 깔끔하고 고급스러워요.

애호박새우젓찜

애호박볶음을 조금 더 담백하고 국물 자작하게 만들어 먹는 반찬이에요.
어릴 적 할머니가 둥근 호박으로 자주 만들어 주신 메뉴인데,
요즘은 둥근 호박은 제철이 아니면 구하기가 어렵다 보니
쉽게 구할 수 있는 애호박으로 만들어 보았어요.

찌는 시간
중강불
15분

 분량 2~3인분 | 난이도 ✦✧✧

재료
애호박 … 1개
양파 … ½개
홍고추 … 1개
깨 … 1t

양념
새우젓 … 1½개
다진 마늘 … 1t
참기름 … 1t

애호박은 5mm 두께로 반달썰기 하고, 양파는 채 썰고, 홍고추는 송송 썰어요.

내열 용기에 애호박과 양파를 넣고, 양념 재료를 모두 넣어 버무려 주세요.

물이 끓으면 찜기를 올리고 **2**의 내열 용기를 얹어 랩을 덮은 뒤 중강 불에서 10~13분 찝니다.

3의 랩을 걷고 홍고추를 올려 중강 불에서 2~3분 더 찐 뒤 깨를 뿌려 마무리하세요.

 TIP
- 새우젓은 염도에 따라 양을 조절해야 해요.
- 찌는 과정이 번거롭다면 전자레인지에 4~5분 돌려 만들어도 됩니다.
- 참기름 대신 들기름을 넣어도 잘 어울립니다.

가지꽈리고추찜

가지와 꽈리고추를 한 번에 쪄서 무치는 반찬이에요.
밀가루와 찹쌀가루로 옷을 입혀 가볍게 쪄낸 뒤 짜지 않게 양념해서 무칩니다.
부드러운 가지와 아삭한 꽈리고추의 식감이 어우러져 맛있게 즐길 수 있어요.

찌는 시간
강불 3분

분량 2~3인분 | 난이도 ✦✦✧

재료
가지 … 1개(160g)
꽈리고추 … 1줌(100g)
밀가루 … 1T
찹쌀가루 … 1T

양념
물 … 2T
국간장(또는 액젓) … 1T
간장 … ½T
참기름 … 1t
다진 홍고추 … 약간
다진 대파 … 약간
다진 마늘 … 1t
깨 … 1t

1 꽈리고추는 꼭지를 떼어낸 뒤 깨끗이 씻어주세요.

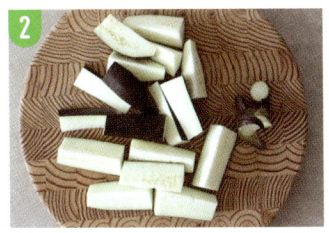

2 가지는 깨끗이 씻어 길이로 3등분한 후 4~6조각으로 자릅니다.

3 가지와 꽈리고추를 볼에 담고 찹쌀가루와 밀가루를 넣고 고루 섞어 찜기에 펼쳐 담아주세요.

4 물이 끓으면 찜기를 올리고 강불에서 3분간 쪄요.

5 찐 가지와 꽈리고추는 찜기째 꺼내 펼쳐서 한 김 식힙니다.

6 분량의 양념장 재료를 고루 섞은 뒤 가지와 꽈리고추를 넣어 무칩니다.

TIP
- 가지와 꽈리고추가 제철인 여름에 만들어 먹으면 더 맛있어요.
- 양념에 국간장 또는 액젓을 일반 간장과 섞어 사용하면 훨씬 더 깊은 감칠맛이 나요.
- 양념에 설탕이나 알룰로스를 ½t 정도 넣어 단맛을 더해주면 식당에서 먹는 반찬 맛이 납니다.

깻잎찜

반찬거리 없을 때 쉽고 간단하게
만들 수 있는 깻잎찜 레시피예요.
한 번에 2~3장씩 밥 위에 올려 싸 먹어도
짜지 않아요! 향긋한 깻잎을
부드러운 식감으로 즐겨보세요.

찌는 시간
중불 10분

분량 2~3인분 | 난이도 ✦✧✧

재료
깻잎 … 80~100장
다진 양파 … 1T
다진 당근 … 1T
다진 풋고추 … 1T
다진 홍고추 … 1T
다진 쪽파 … 1T

양념
물 … 2T
간장 … 2T
액젓 … 1T
매실액 … 1t
다진 마늘 … 1t
고춧가루 … 1t
깨 … 1T

1. 깻잎은 식초 1T를 넣은 물 1.5L에 5분간 담가뒀다가 깨끗이 헹궈 꼭지를 적당히 잘라냅니다.

2. 양파, 당근, 풋고추, 홍고추, 쪽파는 잘게 썹니다.

3. 분량의 양념 재료와 2의 다진 채소를 고루 섞어주세요.

4. 용기에 깻잎 2~3장씩 담고 양념을 1숟가락씩 얹어주세요. 이 과정을 반복해 주세요.

5. 물이 끓으면 찜기에 4의 용기를 담아 올린 뒤 중불에서 10분간 찝니다.

6. 잘 쪄낸 깻잎을 완전히 식힌 뒤 밥과 함께 드세요.

 **TIP**
- 깻잎은 짙은 초록색을 띠는 게 좋아요. 너무 얇지 않으면서도 손바닥만 한 크기의 깻잎이 찜기에 좋습니다.
- 찜기 대신 전자레인지에 4~5분 돌려 만들어도 되지만, 찜기에 찌는 게 훨씬 더 부드럽고 촉촉해요.

PART 2

고기, 생선, 해물까지 척척
메인 요리

채소차돌말이찜

손님상에 올리기에도 정말 근사한,
알록달록 눈으로 먼저 먹는 예쁜 요리예요.
녹진하고 고소한 차돌박이와 아삭하고
상큼한 채소가 어우러져 매콤한 연겨자 소스에
찍어 먹으면 끝도 없이 들어간답니다.

찌는 시간
중불
15분

분량 2~3인분 | 난이도 ✦✦✧

재료

차돌박이 … 300g
빨강 파프리카 … 1개
노랑 파프리카 … 1개
부추 … 1줌
팽이버섯 … 1봉(150g)
배춧잎 … 4~5장
청경채 … 3포기
표고버섯 … 2개
숙주 … 2줌(100g)
밀가루 … 적당량
소금 … 3꼬집
후춧가루 … 2꼬집
맛술 … 1T

소스

물 … 1T
간장 … 2T
식초 … 1T
매실액 … ½T
연겨자 … 1t
다진 마늘 … 1t
설탕 … ½T

파프리카, 부추, 팽이버섯은 비슷한 길이로 썰어주세요.

차돌박이에 밀가루를 가볍게 고루 뿌리고 1의 채소를 올려 말아주세요. 채소가 고기 밖으로 약간 나오게 말면 모양이 예쁩니다.

배추, 청경채, 표고버섯은 먹기 좋게 썰어요.

찜기에 깨끗이 씻은 숙주를 깔고 배추, 청경채, 표고버섯을 담아주세요.

2의 차돌채소말이를 가지런히 담은 뒤 소금, 후춧가루, 맛술을 고루 뿌리고 15분간 중불에서 찝니다.

분량의 재료를 고루 섞어 소스를 만들어 곁들입니다.

TIP
- 속재료로 쓰고 남은 팽이버섯이나 부추 등을 함께 찜기에 깔고 쪄 먹어도 맛있어요.
- 소스의 겨자 양은 취향에 맞게 조절하세요.
- 소스에 청양고추를 얇게 슬라이스해서 넣어주면 더 매콤하게 즐길 수 있습니다.
- 양배추대패삼겹찜(74p)의 된장 소스와 함께 먹어도 맛있어요.

미나리삼겹말이찜

미나리가 제철인 봄에 먹으면 가장 맛있는 요리예요.
얇은 삼겹살에 미나리를 잔뜩 넣고 돌돌 말아 구워 먹어도 맛있지만,
기름기 쏙 빠지게 찌면 훨씬 더 건강하고 담백하게 즐길 수 있어요.
취향에 따라 소스는 두 가지 중 골라서 찍어 드세요.

찌는 시간
중불 10분

분량 2~3인분 | 난이도 ✦✦✧

재료

얇은 삼겹살 … 300g
미나리 … 200g
소금 … 3꼬집
후춧가루 … 3꼬집
맛술 … 1T

참깨 소스

깨소금 … 2T
마요네즈 … 1T
간장 … ½T
식초 … ½T
참기름 … 1t
알룰로스 … 1t

연겨자 소스

연겨자 … 1t
물 … 1T
간장 … 2T
식초 … 1T
알룰로스 … 1t

미나리는 식초 2T를 넣은 물 2L에 10분 정도 담가두었다가 깨끗이 헹궈주세요.

씻은 미나리는 물기를 털어낸 뒤 지저분한 잎은 제거하고 6~7cm 길이로 썰어요.

삼겹살에 미나리를 듬뿍 올린 뒤 돌돌 말아주세요.

찜기에 남은 미나리를 깔고 3의 미나리삼겹살말이를 올리고 소금, 후춧가루, 맛술을 고루 뿌려 10분간 중불에서 찐 다음 분량의 재료로 만든 참깨 소스나 연겨자 소스를 곁들여 냅니다.

 **TIP**
- 더 담백하게 먹고 싶다면, 삼겹살 대신 대패목심을 이용해 보세요.
- 플레이팅 시 미나리삼겹살말이를 반으로 잘라 접시에 세워 담으면 비주얼도 근사해요.
- 삼겹살 아래에 미나리를 깔고 함께 찌면 은은하게 향이 배어 더 맛있어요.
- 매콤한 맛을 더하려면 소스에 송송 썬 청양고추를 추가해 주세요.

대파수육

대파 속 알리신 성분은 돼지고기에
풍부한 비타민 B1의 흡수를 촉진한다고 해요.
또한 고기 잡내를 제거해 주고,
소화에도 도움을 줄 수 있어
궁합이 좋아요. 함께 찌면
고기를 더 부드럽게 만들어 주니
수육 만들 땐 대파와 꼭 함께 쪄보세요.

찌는 시간
중강불
15~20분

분량 2~3인분 | 난이도 ✦✦✧

재료
통삼겹살 … 600g
대파 … 2개
소금 … ⅓t
후춧가루 … 3꼬집
맛술 … 1T

새우젓 소스
청양고추 … 1개
다진 대파(흰 부분) … 1t
새우젓 … 2T
레몬즙 … ½t
참기름 … 1t
다진 마늘 … 1t
고춧가루 … 1t
알룰로스 … ½t

마늘 소스
간장 … 1T
꿀 … 1T
참기름 … 1t
다진 마늘 … 2T
깨 … 1t

1 통삼겹살은 1.5~2cm 두께로 도톰하게 썹니다.

2 잎 부분은 남기고 어슷하게 썬 대파를 찜기 바닥에 깔고 1의 삼겹살을 고루 둘러 담아주세요.

3 2에 소금, 후춧가루, 맛술을 고루 뿌린 뒤 남겨뒀던 대파 잎으로 덮어주세요.

4 뚜껑을 덮고 중강불에서 15~20분 찐 다음 분량의 재료를 고루 섞어 만든 새우젓 소스나 마늘 소스를 곁들여 냅니다.

TIP
- 삼겹살 대신 목살이나 다리살을 이용하면 맛이 더 담백해요.
- 고기의 신선도가 조금 떨어진다면 찜기 물에 된장, 생강, 마늘을 넣고 끓인 뒤 찜기를 올려 쪄보세요. 잡내가 사라지고 더 맛있을 거예요.
- 찌고 나서 젓가락으로 가장 두꺼운 부분을 찔렀다 뺐을 때 맑은 육즙이 나오면 다 익은 거예요.
- 마늘 소스의 알싸한 매운맛이 부담스럽다면 고기와 함께 10분 정도 찌면 마늘의 단맛이 극대화되고 매운맛은 사라져요.

동죽찜

동죽은 단백질과 철분 등 영양소가 풍부해 피로 회복과 면역력 강화에 도움을 줄 수 있다고 해요.
바지락보다 감칠맛이 강하고 쫄깃한 식감이 좋은 동죽으로 맛있는 동죽찜을 만들어 보세요.
직접적으로 열을 가해 만드는 방식보다 수증기를 이용해 찌는 방식으로 만들면
조개의 육즙과 촉촉한 육질을 그대로 유지할 수 있어요.

찌는 시간
강불 7~8분

분량 2~3인분 | **난이도** ✦♢♢

재료
동죽조개 … 1kg
다시마(10×10cm) … 4~5장
맛술 … 2T
버터 … 15g
청양고추 … 1개
홍고추 … ½개

소스
다시마 육수(또는 물) … 1T
간장 … 2T
레몬즙(또는 유자청) … 1T
청양고추 … 약간(선택)

동죽은 물 2L에 천일염 1½T를 녹인 물에 넣은 뒤 검은 비닐이나 뚜껑을 덮어 빛을 차단한 채로 1~2시간 해감합니다.

찜기 바닥에 다시마 4~5장을 깔고, 해감 후 세척한 동죽을 그 위에 담은 뒤 작게 조각낸 버터와 맛술을 넣어주세요.

냄비의 김이 오르면 **2**의 찜기를 올리고 강불에서 7~8분 찝니다. (조개가 입을 벌리면 다 익은 거예요.)

어슷하게 썬 홍고추와 청양고추를 올려 플레이팅하고, 분량의 재료를 섞어 만든 소스를 곁들여 냅니다.

 **TIP**
- 조개를 해감할 때 소금물 대신 탄산수를 이용하면 더 빠르게 해감할 수 있어요.
- 해감 시 30분마다 한 번씩 저어주면 모래가 더 잘 빠집니다.
- 10분 이상 찌면 살이 오그라들고 질겨지니 10분 이내로 쪄주세요.
- 조개를 찐 육수에 남은 조개와 미나리 등을 넣고 칼국수를 끓여 먹어도 맛있어요.

전복찜

전복은 고단백 저지방 식재료예요.
피로 회복과 원기 회복에 탁월한 효능을 지녀 보양식 재료로 많이 쓰이죠.
쫄깃하면서도 부드러운 식감의 전복찜을 고소한 전복 내장 소스에 듬뿍 찍어
맛있게 즐겨보세요.

찌는 시간
강불
7~10분

분량 2~3인분   난이도 ✦✦✧

재료
전복 … 4~6마리
다시마(10×10cm) … 4~5장
맛술 … 2T

소스
찐 전복 내장 … 4~6마리 분량
간장 … 1t
레몬즙 … 1t
화이트발사믹식초 … 1T
올리브유 … 1T
다진 마늘 … ½t
후춧가루 … 약간
참기름 … 1t
깨 … 약간

1 전복은 솔로 깨끗이 문질러 세척합니다.

2 1의 전복 살 윗면에 격자 칼집을 넣어 주세요.

3 찜기 바닥에 다시마를 깔고 전복을 올린 뒤 맛술을 뿌려 강불에서 7~10분 쪄요.

4 잘 쪄진 전복은 껍데기를 떼어내 내장을 분리하고 이빨을 제거한 뒤 먹기 좋게 잘라주세요.

5 분리한 내장은 참기름과 깨를 제외한 소스 재료와 함께 블렌더에 곱게 간 뒤 참기름과 깨를 넣고 섞어요.

6 접시에 전복 껍데기를 올리고 전복 살을 껍질 위에 보기 좋게 올린 뒤 5의 소스와 함께 드세요.

TIP
- 전복은 크기에 따라 찌는 시간을 조절해 주세요.
- 전복을 찌면 살과 내장 분리가 훨씬 쉬워요.
- 고소한 맛을 극대화하고 싶다면 소스에 버터 1조각을 더해 보세요.
- 참기름은 가급적 뒤에 넣어야 향이 날아가지 않습니다.
- 블렌더에 간 소스에 생크림 2T를 넣고 약불에 살짝 끓여 크리미한 소스로 만들어도 고급스러워요.

오징어순대

강원도 명물인 오징어순대를 집에서 만들어 보세요.
속을 만드는 과정이 번거로워 망설였다면
시판 냉동 만두를 이용해 쉽게 만들 수 있어요.
여기에 즉석밥까지 더해 오리지널 느낌 그대로! 맛있게 만들어 드세요.

찌는 시간
중불
15~20분

분량 3~4인분   난이도 ✦✦✦

재료

오징어 … 2마리
즉석밥(찹쌀밥) … ½개
냉동 만두 … 6~8개
부추 … 6줄기
달걀 … 1개
부침가루 … 3T
밀가루 … 2T

양념

국간장 … 1t
맛술 … 1t
참기름 … 1t
다진 마늘 … 1t
소금 … ½t
후춧가루 … 3꼬집

1 통오징어는 몸통과 다리를 분리한 뒤 내장을 제거하고 깨끗이 씻습니다. 오징어 다리는 끓는 물에 살짝 데친 뒤 잘게 썰어요.

2 냉동 만두와 즉석밥은 전자레인지에 돌려 익힌 뒤 만두는 피와 소를 분리해 주세요. (만두피는 사용하지 않았어요.)

3 으깬 만두소와 즉석밥, 잘게 썬 오징어 다리와 부추, 달걀, 부침가루, 분량의 양념 재료를 넣고 고루 섞어 주세요.

4 1의 오징어 몸통 안쪽의 물기를 완전히 닦아내고 밀가루 1T씩을 넣어 고루 묻힌 뒤 3의 속 재료를 꽉 채우고 이쑤시개로 고정합니다.

5 이쑤시개로 몸통 3~4군데를 찔러 준 뒤 찜기에 올려 중불에서 15~20분 쪄냅니다.

6 다 쪄지면 한 김 식힌 다음 동그란 모양을 살려 한 입 크기로 잘라 내세요.

TIP
- 오징어순대 속에 찹쌀밥을 넣으면 오리지널 강원도 오징어순대 느낌이 나요.
- 생쌀을 넣으면 익히는 데 시간이 많이 걸려 오징어가 질겨지기 때문에 즉석밥을 이용했어요.
- 속 재료가 푸석하거나 부족하면 채소를 추가로 넣어줘도 좋아요.
- 오징어를 찌는 과정에서 속이 부풀기 때문에 속 재료는 80% 정도만 채운 뒤 이쑤시개로 막아줘야 해요.
- 그대로 고추냉이 간장에 곁들여 먹어도 맛있고, 달걀물을 입혀 구워 먹어도 맛있어요.

양배추대패삼겹찜

돼지고기와 양배추는 맛뿐만 아니라 영양적으로도 궁합이 좋아요.
여기에 식감까지 좋은 팽이버섯을 더해
고소한 된장 마요 소스를 듬뿍 찍어 드셔 보세요!
간단하게 만들어 한 끼 든든하게 즐기기 좋은 메뉴예요.

찌는 시간
중불 10분

분량 2인분 | 난이도 ✦♢♢

재료
양배추 … ¼통
팽이버섯 … 1봉(150g)
대패삼겹살 … 300g
소금 … 3꼬집
후춧가루 … 2꼬집
맛술 … 1T

소스
마요네즈 … 1T
미소된장 … 1t
식초 … 1t
참기름 … 1t
설탕 … ½t
깨소금 … 1t

1 양배추는 깨끗이 씻은 다음 먹기 좋게 손으로 툭툭 찢어 준비하세요. 팽이버섯은 밑동을 잘라내고 먹기 좋게 찢습니다.

찜기에 양배추를 먼저 깔고 그 위에 팽이버섯을 펼쳐 담아요.

2 위에 대패삼겹살을 올리고 소금, 후춧가루, 맛술을 고루 뿌립니다.

물이 끓으면 찜기를 올리고 중불에서 10분간 쪄주세요.

찌는 동안 분량의 재료를 섞어 소스를 만들어 주세요.

잘 쪄진 대패삼겹살과 양배추, 팽이버섯에 소스를 듬뿍 찍어 드세요.

- 대패삼겹살 대신 샤부샤부용 소고기나 차돌박이를 사용해도 좋아요.
- 양배추는 숨이 죽으면 양이 많이 줄어드니까 생각보다 많이 넣어주세요.
- 소스에 사용하는 된장은 염도가 낮은 미소된장을 추천합니다.

단호박훈제오리찜

비주얼부터 맛까지 눈과 입을 모두 사로잡는 근사한 메뉴예요.
달큰한 단호박과 진한 풍미의 훈제오리는 맛이 잘 어우러질 뿐 아니라 영양의 조화도 뛰어나요.
불포화지방산이 풍부하고 기력 회복에 좋은 오리와
식이섬유가 풍부한 단호박을 함께 챙길 수 있는 건강 보양식이랍니다.

찌는 시간
중불
20분

분량 2~3인분 | 난이도 ✦✦✧

재료
단호박 … 1개
훈제오리 … 200g
양파 … ½개
파프리카 … ⅓개
청양고추 … 1개
올리브유 … 약간

양념
디종머스터드 … 1T
꿀 … 1t
화이트발사믹식초 … 1t
후춧가루 … 2꼬집

1. 단호박은 윗부분을 뚜껑처럼 자른 다음 속을 파내서 씨를 제거합니다.

2. 훈제오리는 한 입 크기로 자르고, 양파와 파프리카는 네모지게 썰고 청양고추는 송송 썰어요.

3. 팬에 올리브유를 살짝 두르고 훈제오리와 채소를 볶다가, 미리 섞어둔 분량의 양념을 모두 넣고 볶아주세요.

4. 단호박 안에 3의 훈제오리볶음을 넣고 호박 뚜껑을 덮은 뒤 찜기에 올려 중불에서 20분간 찝니다.

TIP
- 단호박을 전자레인지에 미리 4~5분 돌려주면 윗부분을 자르기도 편하고 조리 시간도 단축돼요. 이때는 찜기에서 10분만 찌면 됩니다.
- 단호박을 접시에 담은 뒤 6~8등분을 해서 펼쳐주면 플레이팅이 아주 근사해집니다.
- 화이트발사믹식초는 일반 식초와 달리 단맛이 함께 납니다. 요리나 소스의 맛을 한층 더 고급스럽게 만들어 줘요.

돼지고기양상추찜

생으로 먹을 땐 아삭한 양상추는 쪄내면 부드럽고 달큰한 맛이 매력적이에요.
기름기 쏙 빠진 돼지고기와 함께 먹으면
소화도 잘되고 속도 편한 요리라 건강식으로도 추천합니다.
깔끔한 간장 소스를 뿌려 감칠맛 가득하게 즐겨보세요.

찌는 시간
중불 10분

 분량 2~3인분   난이도 ✦◇◇

재료
돼지고기(불고기용) … 200g
양상추 … 1통
소금 … 2꼬집
후춧가루 … 2꼬집
맛술 … 1t

소스
간장 … 1T
식초 … 1T
참기름 … 1t
알룰로스 … ½t
깨 … 1t

1 양상추는 꼭지 부분을 눌러 분리한 뒤 깨끗이 씻어 큼직하게 찢어주세요.

2 찜기에 양상추를 듬뿍 올리고 돼지고기를 펼쳐 올린 뒤 소금, 후춧가루, 맛술을 고루 뿌려요.

3 물이 끓으면 찜기를 올려 중불에서 10분간 찝니다.

4 분량의 재료를 섞어 소스를 만들고, 잘 쪄진 **3**의 고기와 채소에 소스를 곁들여 드세요.

 **TIP** • 소스는 찍어 먹어도 좋고, 위에 고루 뿌려 먹어도 좋아요.

목살무찜

달콤하고 부드러운 무와 고소한 돼지고기의 조합은 맛뿐만 아니라 영양 면에서도 우수해요.
입맛 돋우는 양념이 속까지 배어 깊은 풍미를 즐길 수 있으니
무가 제철인 가을에 꼭 만들어 보세요.

찌는 시간
중불
8~10분

분량 2~3인분 | 난이도 ✦◇◇

재료
돼지목살(불고기용) … 200g
무 … ⅓개
소금 … 2꼬집
후춧가루 … 2꼬집
다진 마늘 … 1t
참기름 … 1t
다진 쪽파 … 1T

양념
간장 … 1T
맛술 … 1T

불고기용 돼지고기는 소금, 후춧가루, 다진 마늘로 밑간합니다.

무는 채칼로 얇게 슬라이스해 준비하세요.

찜기에 무와 돼지고기를 번갈아 담은 뒤 분량의 재료를 섞어 만든 양념을 뿌려주세요.

중불에서 8~10분 찐 뒤 참기름과 쪽파를 뿌려 드세요. (찌는 시간은 무나 고기의 두께에 따라 달라질 수 있으니 조절해 주세요.)

TIP
- 생강 향에 거부감이 없다면, 돼지고기 위에 생강채를 조금 올려 같이 쪄서 드셔 보세요. 은은한 생강 향이 매력적이랍니다.
- 버섯 등을 더해 함께 쪄 먹어도 맛있어요.

대구파피요트

오븐에 구운 파피요트와는 다르게 찜기에 찐 파피요트는
대구 살이 훨씬 더 촉촉하고 결이 부드럽게 유지돼요.
허브나 채소, 레몬의 향이 수증기에 고루 섞여 스며들다 보니 향이 굉장히 매력적이에요.
특히 요리 초보라면 시간 조절이 어려운 오븐 대신 찜기로
쉽게 파피요트를 만들어 보세요!

찌는 시간
중불
10분

분량 2~3인분 | 난이도 ✦✦✧

재료

대구 살 … 2~3조각(200g)
새우(대) … 2~3마리
미니 당근 … 2~3개
아스파라거스 … 3줄기
브로콜리 … ⅓개
방울토마토 … 4개
레몬 … ½개
올리브유 … 1T
다진 마늘 … 1t
화이트발사믹식초 … 1T
버터 … 10g
소금 … 4꼬집
후춧가루 … 3꼬집
허브(딜이나 로즈메리 추천)
… 2~3줄기

대구 살과 껍질을 벗기고 내장을 제거한 새우는 잘 씻어 물기를 빼 둡니다.

종이 포일을 깐 찜기 위에 **1**의 대구 살과 새우를 담고 올리브유, 다진 마늘, 화이트발사믹식초를 뿌립니다. 그 위에 5~6조각 낸 버터를 고루 올려줍니다.

먹기 좋은 크기로 썬 채소와 슬라이스한 레몬을 **2**의 대구 살과 새우 사이사이에 넣은 뒤 소금, 후춧가루를 고루 뿌리고 허브를 올려주세요.

물이 끓는 냄비에 **3**의 찜기를 올린 뒤 중불에서 10분 정도 쪄서 맛있게 드시면 됩니다.

 **TIP**
- 대구 살 대신 연어나 각종 해산물을 이용해 만들어도 좋아요.
- 레몬 대신 유자청을 소량 넣어주면 색다르게 즐길 수 있어요.
- 마지막에 바질페스토를 올려 먹어도 맛있어요.

찜기잡채

잡채를 찜기 하나로 만드는 법 알려 드립니다.
잡채 재료를 찜기에 쪄내고 그 채수를 이용해 당면을 양념해 삶으면
감칠맛도 더 좋아지고 만들기도 간단해요.
기름을 많이 사용하지 않기 때문에 더 담백하게 즐길 수 있는 건 덤!

찌는 시간
중불 5분

분량 2인분 | 난이도 ✦✦✧

재료

당면 … 100g
양파 … ⅓개
당근 … ¼개
빨강 파프리카 … ½개
노랑 파프리카 … ½개
느타리버섯 … 100g
표고버섯 … 1개
불린 목이버섯 … 1컵
부추 … 6~7줄기
사각 어묵 … 1~2장
참기름 … 1T
깨 … 1T

양념

물 … 1¼컵
간장 … 2T
굴소스 … 1t
참기름 … 1T
올리브유 … 1T
다진 마늘 … 1t
설탕 … 1T

1. 어묵과 양파, 당근, 파프리카는 채 썰고, 부추도 비슷한 길이로 잘라 주세요. 표고는 모양 살려 슬라이스하고, 느타리와 목이버섯도 먹기 좋게 자릅니다.

2. 파프리카와 부추를 뺀 1의 재료를 찜기에 동그랗게 둘러 담습니다.

3. 냄비에 분량의 양념 재료, 당면을 넣어주세요. 이때 당면은 미리 30분 정도 불려뒀다 사용합니다.

4. 3의 당면 삶는 물이 끓어오르면 그 위에 2의 찜기를 올려 중불에서 5분간 쪄주세요.

5. 잘 쪄진 채소를 아래 냄비의 당면에 넣고 약불에서 2~3분 잘 섞어주세요.

6. 5에 파프리카와 부추, 참기름과 깨를 뿌리고 잘 섞어 마무리합니다.

 **TIP**
- 당면은 너무 오래 불리면 퍼지기 쉬우니 30분~1시간만 불려주세요.
- 찜기를 올리기 전에 끓인 당면이 눌어붙지 않도록 고루 저어주세요.
- 찜기를 꺼냈을 때 양념이 많아 보일 수 있지만 채소를 모두 넣고 섞어주면 금세 졸아들어요.

갈릭버터새우찜

새우를 찜기에 찌면 굽는 것보다 더 담백하면서도 새우 본연의 단맛이 살아나요.
수분이 빠지지 않아 살은 더 촉촉하고 탱글하고,
여기에 마늘과 버터 향이 스며들어 더 맛있게 즐길 수 있답니다.
담백하고 고급스러운 풍미 가득! 갈릭버터새우도 굽지 말고 쪄 드세요.

찌는 시간
중불
8~10분

분량 2~3인분 | 난이도 ✦◇◇

재료

새우(대) … 15마리(500g)
마늘 … 6쪽
버터 … 20g
맛술 … 1T
올리브유 … 1T
후춧가루 … 약간
레몬 … ½개

소스

간장 … 1T
식초 … 1T
참기름 … ½T
다진 마늘 … 1t

1 새우는 껍질째 깨끗이 씻고 등 쪽에 칼집을 넣어 내장을 제거해 주세요.

2 찜기에 새우를 담고 조각낸 버터와 편으로 썬 마늘, 맛술, 올리브유, 후춧가루를 고루 뿌린 다음 레몬 슬라이스를 올립니다.

3 물이 끓으면 냄비에 2의 찜기를 넣고 중불에서 8~10분간 쪄주세요.

4 잘 쪄진 새우에 분량의 재료를 고루 섞어 만든 소스를 곁들여 드세요.

TIP
- 새우는 살이 붉게 변하면 익은 거예요.
- 새우 머리는 모아뒀다가 팬에 노릇하게 구워 먹거나 튀겨 먹으면 맛있어요. 튀겨 먹으면 껍질까지 바삭하게 먹을 수 있어요.
- 새우를 찐 육수에 새우 머리를 넣고 칼국수나 된장국 등을 끓여 먹어도 좋아요.

삼겹버섯찜

삼겹살 구울 때 버섯은 거의 필수죠.
버섯에 풍부한 식이섬유와 비타민이 돼지고기 단백질 흡수를 도와주고
특히 지방이 많은 삼겹살과 함께 먹으면 영양 균형도 훨씬 좋아진다고 해요.
기름기는 쏙 빠지고 감칠맛은 더해진 삼겹버섯찜을 즐겨보세요.

찌는 시간
중불
10~12분

분량 2~3인분 | 난이도 ✦◇◇

재료
대패삼겹살 … 300g
모둠 버섯 … 300g
대파 … ½개

양념
간장 … 2T
맛술 … 1T
참기름 … 1t
다진 마늘 … 1t
알룰로스 … 1t
후춧가루 … 2꼬집

준비한 버섯은 깨끗이 손질 후 먹기 좋게 찢거나 자릅니다.

찜기에 종이 포일을 깔고 버섯 - 삼겹살 - 버섯 - 삼겹살 순으로 담아주세요.

2 위에 분량의 재료를 섞어 만든 양념을 뿌려주세요.

김이 오른 냄비에 3의 찜기를 올리고 뚜껑을 닫아 10~12분간 중불에서 쪄냅니다. 얇게 썬 대파를 위에 얹어 내세요.

TIP
- 버섯은 팽이, 새송이, 느타리, 만가닥 등 아무 종류나 취향대로 넉넉히 준비하세요.
- 삼겹버섯찜은 버섯 육즙이 그대로 살아 있어 양념이 흥건한 스타일이에요. 양념과 함께 밥 위에 듬뿍 올려 덮밥으로 먹어도 맛있어요.

대파춘장불고기

발효된 감칠맛과 고소한 풍미가 더해진 춘장을 불고기 양념에 사용해 보세요.
간장보다 색이 진해 더 먹음직스러운 데다가
은은한 단맛과 구수함이 있어 고기와 대파 향이 더 돋보여요.
기름기 쏙 빠지게 찜기에 쪄서 대파와 고기를
부드럽고 풍미 가득하게 즐겨보세요.

찌는 시간
중불
10~12분

분량 2~3인분 | 난이도 ✦✦◇

재료
돼지고기(불고기용) … 300g
양파 … ½개
대파 … 1~2개
깨 … 1t

양념
춘장 … 1½T
간장 … 2t
꿀 … 1T
맛술 … 1T
참기름 … 1T
다진 마늘 … 1T
후춧가루 … 약간

1. 돼지고기는 분량의 양념 재료를 넣어 고루 버무립니다.

2. 양파는 적당한 굵기로 슬라이스하고, 대파는 어슷하게 썰어요.

3. 찜기 바닥에 종이 포일을 깔고 대파 - 양파 - 돼지고기 - 대파 순으로 담아주세요.(마지막에 대파로 덮어주는 느낌입니다.)

4. 김이 오른 찜기에 올려 중불에서 10~12분 찌면 완성입니다. 접시에 보기 좋게 담고 깨를 뿌려 드세요.

TIP
- 불고기도 찜기에 쪄서 만들면 더 촉촉하고 부드러워요.
- 층층이 접시에 그대로 담아 플레이팅해도 좋고, 고루 섞어 담아 내도 좋아요.

단호박소고기찜

달큰한 단호박과 담백한 소고기에
상큼한 토마토소스를 더한 요리예요.
단백질과 비타민이 풍부한 조합이라
영양학적 균형도 뛰어나며,
토마토소스의 상큼한 산미가
감칠맛을 살리고 재료 본연의 풍미를 돋워줍니다.

찌는 시간
중불
10~12분

분량 2~3인분 | 난이도 ✦◇◇

재료
소고기(불고기용) … 200g
미니 단호박 … 1개(300g)
양파 … ½개
소금 … 2꼬집
후춧가루 … 2꼬집

소스
토마토 … 1개
간장 … 2T
화이트발사믹식초 … 1T
올리브유 … 1T
다진 양파 … 1T
다진 마늘 … 1t
소금 … 약간
후춧가루 … 약간
파슬리 … 약간

1 소고기는 키친타월로 핏물을 닦아낸 뒤 소금, 후춧가루를 뿌려둬요.

2 깨끗이 씻은 단호박은 전자레인지에 2~3분 돌린 뒤 한 입 크기로 썰고, 양파는 슬라이스합니다.

3 토마토는 잘게 다져 나머지 소스 재료와 함께 섞어주세요.

4 찜기에 단호박과 소고기, 양파를 담고 3의 소스를 고루 뿌린 뒤 중불에서 10~12분 쪄주세요.

TIP
- 꽈리고추를 넣어 매콤한 향을 더해줘도 맛있어요.
- 단호박 껍질이 많이 억세면 깎아서 사용하세요.

우삼겹숙주찜

아삭아삭한 숙주와 고소한 우삼겹의 조합은 언제 먹어도 맛있어요.
찜기에 쪄서 담백함 가득!
매콤한 연겨자 소스에 찍어 먹으면 깔끔하게 한 냄비 뚝딱 한답니다.
간단하지만 특별한 다이어트식 우삼겹숙주찜 맛있게 즐겨주세요.

찌는 시간
중불
8~10분

분량 2~3인분   난이도 ✦✧✧

재료
우삼겹 … 300g
숙주 … 250g
알배추 잎 … 5장
팽이버섯 … 1봉(150g)
참치액 … 1T
소금 … 2꼬집
후춧가루 … 2꼬집
맛술 … 1T

소스
물 … 1T
간장 … 1T
식초 … 1T
매실액 … 1T
연겨자 … 1t

1 숙주는 깨끗이 씻고, 배추와 팽이버섯은 먹기 좋은 크기로 잘라 준비합니다.

2 찜기에 숙주 - 배추 - 팽이버섯 - 우삼겹 순서로 올려 담아주세요.

3 2의 고기 위에 참치액, 소금, 후춧가루, 맛술을 뿌린 뒤 김이 오른 냄비에 올려 뚜껑을 닫고 중불에서 8~10분 쪄주세요.

4 잘 쪄진 우삼겹숙주찜에 분량의 재료를 고루 섞어 만든 소스를 듬뿍 찍어 드세요.

TIP
- 청경채나 좋아하는 버섯 등을 더해 같이 쪄 드셔도 좋아요.
- 연겨자 대신 고추냉이를 넣어도 맛있어요.
- 간편하게 시판 참소스를 써도 됩니다.
- 우삼겹 대신 차돌박이나 대패삼겹, 샤부샤부용 고기 등을 사용해도 됩니다.

이북식 찜닭

닭 본연의 맛이 제대로 응축되어 있는 쫄깃한 식감의 이북식 찜닭이에요.
소박하지만 정직한 맛으로 사랑받는 이북의 전통 보양식입니다.
담백하게 소금에 찍어서도 드셔 보시고, 매콤 양념장에 찍어서도 드셔 보세요.
기름지지 않고 깔끔해 백숙과는 또 다른 매력이 있어요.

찌는 시간
중불 10분
+
중약불 40분
+
뜸 들이기 10분

분량 3~4인분 | 난이도 ✦✦✦

재료
닭 … 1마리(850g)
부추 … 10~15줄기
대파 … ½개
맛술 … ¼컵

유장
간장 … 1T
참기름 … 3T

소스
간장 … 2T
식초 … 1T
연겨자 … 1t
다진 마늘 … 1t
고춧가루 … 2T
알룰로스 … 1t

1 닭은 꽁지와 날개 끝을 잘라내고 지방을 정리한 뒤 깨끗이 씻어주세요.

2 냄비에 큼직하게 썬 대파를 넣고 대파가 잠길 만큼의 물을 넣은 다음 맛술을 넣어 끓입니다.

3 2의 물이 끓으면 찜기를 얹고 1의 손질한 닭을 올린 다음 분량의 재료를 섞어 만든 유장을 붓으로 고루 발라주세요.

4 찜기 뚜껑을 덮고 강불에 10분, 중약불에서 40분 찝니다. 찌는 중간중간 뚜껑을 열고 닭에 유장을 추가로 발라주세요.

5 냄비의 불을 끄고 4의 찜기에 부추를 넣은 다음 10분 정도 뜸 들입니다.

6 5의 닭과 부추를 접시에 담은 후 분량의 재료를 섞어 만든 소스를 곁들여 드세요.

 TIP

- 유장은 참기름과 간장이 분리되지 않도록 고루 섞으며 발라주세요.
- 찜기 물에 대파를파를 넣으면 잡내가 줄고 수증기를 따라 은은하게 향이 배어 좋아요. 찜기 물이 부족하면 중간에 보충해 주세요.
- 닭을 찌고 난 육수에 대파를 건져내고 닭고기를 조금 찢어 넣고 닭칼국수를 끓여 드시면 맛있어요. 국수 대신 밥을 넣고 푹 끓이면 닭죽으로도 즐길 수 있어요.

반건조우럭찜

쫄깃한 식감이 매력적인 반건조 우럭을 이용해 맛있는 찜 요리를 만들어 보세요.
감칠맛 가득한 양념을 발라 쪄내면 전문점 부럽지 않은 요리가 완성된답니다.
필수지방산이 풍부해 혈관 건강에도 이롭고, 비타민과 무기질이 가득해
남녀노소 누구에게나 좋은 우럭! 찜으로 만들어 반찬 겸 술안주로 즐기세요.

찌는 시간
중불 15분

분량 2인분 | 난이도 ✦✦✧

재료
반건조 우럭 … 1마리(250g)
쌀뜨물 … 1L
식초 … 1T
맛술 … 2T

양념
다진 양파 … 1T
다진 대파 … 1T
다진 청·홍고추 … 1T
다진 마늘 … ½T
다진 생강 … ½t
간장 … 1T
식초 … 1T
맛술 … 1T
참기름 … ½T
고춧가루 … ½T

1 반건조 우럭은 식초 1T를 넣은 쌀뜨물 1L에 10분간 담가두세요.

2 그릇에 분량의 양념 재료를 모두 넣고 잘 섞어줍니다.

3 1의 우럭을 찜기에 올리고 맛술을 고루 뿌린 뒤 10분간 중불에서 찝니다.

4 3의 찐 우럭에 2의 양념을 고루 바른 뒤 5분간 더 찌면 완성입니다.

TIP
- 반건조 우럭은 판매하는 곳에 따라 염도가 다 달라요. 염도가 낮은 우럭이라면 쌀뜨물에 2~3분만 담가둬도 돼요.

순대채소찜

기름에 볶아 먹는 것과는 또 다른 매력!
찜기에 담백하고 건강하게 쪄서 드셔 보세요.
찌는 방식이라 채소의 식감, 영양이 그대로 살아 있고
순대도 부드럽게 익어 부담없이 즐길 수 있어요.
특별한 날은 물론 일상 식탁에서도 온 가족이 맛있게 먹을 수 있는 영양 만점 메뉴예요.

찌는 시간
중불 10분

분량 2~3인분 | 난이도 ✦◇◇

재료
순대 … 400g
양배추 … ⅙통(150g)
숙주 … 150g
깻잎 … 5장
양파 … ½개
대파 … ½개
당근 … ⅕개
청양고추 … 약간(선택)

양념
간장 … 3T
굴소스 … 1t
맛술 … 1T
참기름 … 1T
다진 마늘 … 1t
들깻가루 … 1~2T
알룰로스 … 1t
후춧가루 … 약간

순대와 깨끗이 씻은 채소는 먹기 좋게 썰어 준비하세요.

찜기 바닥에 양배추와 숙주를 깔고 위에 순대와 양파, 대파, 당근을 올려주세요.

분량의 양념 재료를 섞어 **2**에 고루 끼얹고, 찜기에 올려 중불에서 10분 정도 쪄요.

3의 쪄낸 음식을 고루 잘 섞어 접시에 담고, 깻잎과 청양고추를 올려주세요.

TIP
- 매콤하게 즐기고 싶다면 굴소스 대신 고추장과 고춧가루를 추가해서 양념장을 만들어 주세요.
- 들깻가루는 취향에 따라 양을 조절해 주세요.

PART 3

밥솥보다 부드럽고
냄비보다 간편하게
밥 요리

토마토연어찜밥

담백하게 찐 밥에 연어의 부드러운 풍미와 토마토의 상큼함이 어우러진 영양 만점 밥이에요.
연어 자체의 고소한 기름과 토마토의 감칠맛이 밥알 하나하나 스며들어 깊은 맛이 난답니다.
아이부터 어른까지 부담없이 즐길 수 있는 건강식으로, 손님 초대용 요리로도 좋아요.

찌는 시간
중불 35분
+
뜸 들이기 15분

분량 2~3인분 | 난이도 ✦✦✦

재료

쌀 … 1½컵
연어 … 200g
선 드라이드 토마토 … 80g
양파 … ½개
당근 … ⅕개
마늘 … 3쪽
소금 … 2꼬집
맛술 … 1T
레몬즙 … 1T
쪽파 … 5~6줄기

양념

쯔유 … 1T
맛술 … 2T
올리브유 … 1T

1. 쌀은 깨끗이 씻어 30분 불린 뒤 체에 밭쳐 물기를 빼두고, 연어는 소금과 맛술을 고루 뿌려둡니다.

2. 선 드라이드 토마토는 먹기 좋은 크기로 자르고, 양파와 당근은 다지고, 마늘은 편 썰어요.

3. 찜기에 실리콘 깔개를 깔고 불린 쌀, 선 드라이드 토마토, 양파, 당근, 마늘, 분량의 양념 재료를 넣어 고루 섞은 것을 올려주세요.

4. 냄비에 3의 찜기를 올리고 끓이다 김이 오르면 그때부터 중불에서 30분 정도 쪄서 밥을 지어요. 이때 10분마다 물을 100mL씩 고루 뿌려줍니다.

5. 밥 위에 연어를 올리고 5분간 더 찐 뒤, 불을 끄고 10분간 뜸 들입니다.

6. 완성된 밥 위에 레몬즙과 송송 썬 쪽파를 뿌리고 연어와 함께 고루 섞어 그릇에 담아 주세요.

TIP
- 양념간장을 곁들여 먹어도 맛있습니다. 간장 2T, 참기름 1t, 다진 마늘 1t, 쪽파 2~3줄기 다진 것, 깨 1t를 고루 섞어주면 돼요.
- 선 드라이드 토마토는 통조림 형태로 구매 가능합니다. 없으면 생토마토를 잘게 다지거나 방울토마토를 반으로 잘라 넣어도 됩니다.
- 생쌀로 찐 밥을 만들 경우 중간중간 물을 추가해 주지 않으면 쌀알이 잘 퍼지지 않으므로 꼭 중간에 물을 흩뿌려 주세요.

문어다시마찐밥

쫄깃한 자숙 문어 다리와 시오콘부(다시마)가 들어가 감칠맛 가득 식감 좋은 찐 밥이에요.
문어는 단백질이 풍부하면서도 지방이 적어
다이어트에 도움이 되는 데다 담백하고 씹을수록 고소한 맛이 퍼져요.
다시마 속 미네랄과 요오드가 더해져 영양 밸런스까지 훌륭해요.
특별한 날 가족과 함께 맛있고 건강한 문어다시마찐밥을 즐겨보세요.

찌는 시간
중불 35분
+
뜸 들이기 15분

분량 2~3인분 | 난이도 ✦✦✦

재료

쌀 … 1½컵
자숙 문어 다리 … 200g
시오콘부 … 40g
당근 … ⅕개
쯔유 … 1T
쪽파(또는 미나리) … 6~7줄기

양념장

간장 … 2T
참기름 … 1t
다진 마늘 … 1t
고춧가루 … 1T
깨 … 1t

쌀은 깨끗이 씻어 30분 불린 뒤 체에 밭쳐 물기를 빼주세요.

1의 쌀에 다진 당근, 쯔유를 넣고 고루 섞어주세요.

찜기에 실리콘 깔개를 깔고 2의 쌀을 올린 후 시오콘부를 고루 흩뿌리고 냄비에 올려 물이 끓어오르면 그때부터 중불에서 30분간 쪄요. 이때 중간에 10분마다 물 100mL씩 흩뿌려 주세요.

3의 밥 위에 잘게 썬 문어 다리를 올리고 5분간 더 찝니다.

송송 썬 쪽파나 미나리를 올린 뒤 불을 끄고 10분간 뜸 들인 다음 잘 섞어주세요.

5의 문어밥을 그릇에 담고 분량의 재료를 섞어 만든 양념장에 비벼 드세요.

 TIP
- 시오콘부는 일본식 조미 염장 다시마로, 기본 조미가 되어 있어 음식의 감칠맛을 살려줍니다. 솥밥, 오이탕탕이, 주먹밥, 샐러드 등에 넣으면 맛있어요. 온라인 마트에서 쉽게 구매할 수 있습니다.
- 완성된 밥에 버터 1조각(10g)을 넣고 고루 섞어주면 고소한 풍미가 살아나서 좋습니다.
- 생쌀로 찐 밥을 만들 경우 중간중간 물을 추가해 주지 않으면 쌀알이 잘 퍼지지 않으므로 꼭 중간에 물을 흩뿌려 주세요.

오곡찰밥

정월대보름 대표 음식인 오곡찰밥은
찹쌀에 다섯 가지 곡식을 더해
정성껏 쪄내는 전통 건강식이에요.
찜기에 찌는 방식은 곡식 본연의 향과
식감을 살려 일반 밥솥으로 지은 것보다
훨씬 쫀득하고 맛있어요.
집에서 정성 가득한 우리 밥상의 가치를 느껴보세요!

찌는 시간
강불 20분
+
중불 10분
+
뜸 들이기 10분

분량 2~3인분 | 난이도 ✦✦✦

재료

- 찹쌀 … 1컵
- 차조 … 2T
- 수수 … 2T
- 팥 … 3T
- 검정콩 … 2T
- 깐 밤 … 4~5개
- 소금 … ½t
- 팥 삶은 물 … ½컵

1 찹쌀과 잡곡(차조, 수수, 검정콩)은 각각 깨끗이 씻어 4시간 정도 불려두세요.

2 팥은 씻어 물을 붓고 10분간 삶아 첫물은 버린 뒤, 다시 물을 부어 팥알이 반쯤 익도록 20분 정도 삶아줍니다. (따로 불리지 않아도 됩니다.)

3 볼에 **1**의 불린 찹쌀과 잡곡, **2**의 삶은 팥과 팥 삶은 물 ½컵, 분량의 밤, 소금을 넣고 고루 섞어줍니다.

4 찜기에 실리콘 깔개를 깔고 **3**의 재료를 편편하게 깔아줍니다.

5 냄비에 **4**의 찜기를 올리고 강불에서 끓이다 김이 오르면 그때부터 20분간 찌고 중불로 낮춰 10분 더 쪄주세요. 이때 10분마다 물 100mL씩 고루 흩뿌려 주세요.

6 **5**의 불을 끄고 10분간 뜸을 들인 뒤 고루 섞어 드세요.

TIP
- 찹쌀 50~60% + 잡곡 40~50% 정도 비율로 밥을 지었을 때 가장 부드럽고 찰기가 좋아요.
- 찹쌀은 2~3시간, 다른 잡곡은 6시간 이상 불리면 밥을 지었을 때 훨씬 부드러워요.
- 팥 삶은 물은 밥 짓는 데 이용하면 색감이 곱게 나옵니다.

콩나물밥

찬밥을 활용해 10분이면 뚝딱 만들어 내는 간단 콩나물밥이에요.
고기 대신 표고버섯을 잘게 잘라 양념해서 올려주면,
고기 부럽지 않은 쫄깃한 식감 덕분에 더 맛있게 콩나물밥을 즐길 수 있어요.

찌는 시간
중불
8분

분량 2인분 | 난이도 ✦◇◇

재료
찬밥 … 2공기
콩나물 … 250g
당근 … ⅕개
표고버섯 … 2개(25g)

표고버섯 양념
간장 … 1T
참기름 … 1T
설탕 … 1t

양념장
간장 … 2T
참기름 … 1t
다진 마늘 … 1t
고춧가루 … 1t
깨 … 1t

1 당근은 곱게 채 썰고, 표고버섯은 잘게 썰어 준비합니다.

2 1의 표고버섯에 분량의 표고버섯 양념 재료를 넣고 잘 섞어주세요.

3 찜기에 깨끗이 씻은 콩나물을 깐 다음 채 썬 당근을 넣어 가볍게 섞어주세요.

4 3 위에 찬밥을 고루 펼쳐 올립니다.

5 2의 양념한 표고버섯을 4의 밥 위에 올린 다음 냄비의 물이 끓어오르면 찜기를 올려 중불에서 8분간 찝니다.

6 찜기의 밥을 채소와 고루 섞은 뒤 분량의 재료로 만든 양념장을 곁들여 냅니다.

TIP
- 양념장 없이 그대로 먹으면 저염으로 즐기기 좋은 비건 콩나물밥이 됩니다.
- 표고버섯 대신 돼지고기 다짐육을 양념해 얹어도 좋아요.

찐채소비빔밥

하나하나 기름에 볶는 대신 한꺼번에 담백하게 쪄서 만드는 비빔밥이에요.
수란까지 한꺼번에 만들어 깔끔하고 개운한 맛의 비빔밥을 즐겨보세요.
밥 위에 찐 채소와 수란, 고추장을 올려 비벼 먹어도 좋고
조금 더 가볍게 먹고 싶다면 으깬 두부 위에 찐 채소와 수란,
양념장을 곁들여 비벼 먹어도 좋아요.

찌는 시간
중불
10분

분량 2인분 | 난이도 ◆◇◇

재료
밥 … 2공기(또는 두부 400g)
무 … ⅕개(100g)
당근 … ½개(100g)
애호박 … ½개(100g)
콩나물 … 100g
느타리버섯 … 100g
소금 … 약간

수란
달걀 … 1개
물 … 3T
소금 … 약간

양념장
간장 … 4T
참기름 … 2T
깨소금 … 2T

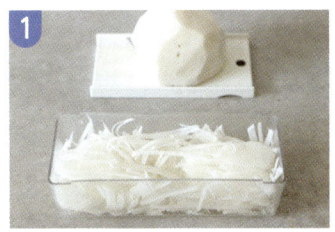

1 깨끗이 세척한 무, 당근, 애호박은 채 썰어주세요. 콩나물은 깨끗이 씻어 준비합니다. 느타리버섯은 밑동을 잘라내고 먹기 좋게 찢어주세요.

2 분량의 밥을 준비합니다. 밥 대신 두부를 사용한다면 포크를 이용해 잘 으깨주세요.

3 내열 용기 안쪽에 참기름을 고루 바른 다음 달걀과 물 3T를 담고 소금을 약간 뿌려주세요.

4 찜기 가운데 3의 수란 용기를 올리고 가장자리로 돌려가며 채소를 담습니다. 채소에 전체적으로 약간의 소금을 뿌려주세요.

5 냄비의 물이 끓으면 찜기를 올리고 중불에서 10분간 찝니다.

6 밥 또는 으깬 두부 위에 5의 찐 채소를 고루 돌려 담고 가운데 수란을 올려줍니다. 분량의 재료로 만든 양념장을 넣고 비벼 드세요.

TIP
- 밥 대신 두부를 사용할 경우 두부를 찜기에 같이 쪄서 사용해 주세요. 또는 두부만 단독으로 중불에서 10분 찌거나, 전자레인지에 2~3분 돌려 수분을 제거한 뒤 으깨서 사용하면 됩니다.
- 양념장을 넣고 비비면 헛제삿밥 느낌이 나요. 고추장을 넣고 매콤하게 비벼 드셔도 좋아요.
- 양념장은 입맛에 맞게 양을 조절해서 넣으세요.

가지찐밥

기름 없이 찜으로 조리해 더 건강하고 담백하게 즐길 수 있는 가지밥이에요.
밥을 짓는 대신 즉석밥이나 식은 밥을 이용해 쉽고 간단하게 만들어 보세요.
가지는 세로 방향으로 잘라 장어덮밥 같은 느낌으로 만들었어요.

찌는 시간
중불
10~12분

분량 2~3인분 | 난이도 ✦◇◇

재료
찬밥 … 2공기
가지 … 2개
돼지고기(다짐육) … 100g
양파 … ½개
부추 … 4~5줄기
전분 … 1T
소금 … 2꼬집
깨 … 1t

고기 양념
간장 … 1T
맛술 … 1T
다진 마늘 … 1t
후춧가루 … 2꼬집

가지 양념
간장 … 2T
맛술 … 1T
참기름 … 1T
알룰로스 … 1T

1 가지는 방망이로 두드린 뒤 반으로 갈라 안쪽에 소금을 살짝 뿌려 절여 두고, 양파는 다져 준비하세요.

2 볼에 돼지고기 다짐육과 다진 양파를 넣고 고기 양념 재료를 모두 넣어 버무립니다.

3 찬밥 또는 즉석밥에 2의 다짐육을 고루 섞어 찜기에 담아주세요.

4 3의 밥 위에 1의 가지를 얹은 다음 가지에 전분을 고루 뿌려주세요.

5 분량의 재료를 섞어 만든 가지 양념을 4의 가지 위에 고루 발라요.

6 중간에 2~3회 가지 양념을 추가로 발라가며 중불에서 10~12분 쪄주세요. 그릇에 밥과 가지를 담고 깨, 송송 썬 부추를 뿌려 마무리해 주세요.

 **TIP**
- 밥과 다짐육 대신 으깬 두부와 표고버섯을 활용하면 맛있는 다이어트식이 됩니다.
- 가지는 수분이 많아 색이 탁해질 수 있으니 양념을 발라가며 쪄주세요.
- 마지막에 뜨거울 때 양념을 한 번 더 바르고 뚜껑 덮어 1분 정도 뜸을 들이면 더 고급스러운 색이 나요.

찐냉이김밥

봄철 대표 나물 냉이의 향긋함을 가득 담아낸 별미 김밥이에요.
생냉이를 구하기 어려운 계절이라면 동결건조 냉이를 활용해
간편하게 만들 수 있어요. 찜기에 냉이를 밥과 함께 찌면
냉이의 풋내는 줄고 향긋함은 밥알 하나하나 스며들어 좋아요.
한 줄 말아두면 순식간에 사라지는 냉이김밥!
쪄서 쉽고 간단하게 만들어 보세요.

찌는 시간
중불 10분

분량 2~3인분 　　난이도 ✦✦✧

재료

찬밥 … 2공기
김(김밥용) … 3장
동결건조 냉이 … 20g
당근 … ⅓개
달걀 … 5개
소금 … 5꼬집
단무지 … 1개
참기름 … 1t
깨 … 1t

밥 양념

참기름 … 1t
소금 … ⅓t
깨소금 … 1T

1 동결건조 냉이는 10분 정도 물에 담가 불린 뒤 깨끗이 손질합니다.

2 1의 냉이는 잘게 썰고, 당근은 채 썰어 준비해 주세요.

3 찬밥에 2의 냉이와 당근을 넣고 고루 섞어주세요.

4 3의 밥을 실리콘 깔개를 깐 찜기에 담아 김이 오른 냄비에 얹고 중불에서 10분간 쪄요.

5 찐 밥을 꺼내 한 김 식힌 뒤 참기름, 소금, 깨를 넣고 고루 비벼서 김 위에 넓게 펼쳐 깔고, 소금간을 해서 도톰하게 부친 지단, 단무지를 올려 단단하게 말아주세요.

6 5의 김밥에 참기름을 고루 바르고 깨를 뿌린 뒤 한 입 크기로 썰어 완성합니다.

TIP
- 생냉이를 이용할 때는 뿌리 쪽을 깨끗이 손질하고 누런 잎은 떼어낸 뒤 잘게 썰어 밥과 섞은 다음 12분 정도 약간 더 여유 있게 쪄주면 됩니다.
- 속 재료는 취향에 따라 다양하게 준비해 넣어도 되는데, 냉이 향이 좋아서 간단하게 말아도 맛있어요.

PART 4

다이어트 중에도 배부른 한 그릇 다이어트 요리

간단채소찜

유행처럼 번지기 시작해 지금은 정말 많은 분들이 챙겨 드시는 채소찜이죠.
정해진 채소가 따로 있는 건 아니고 제철 채소들을 다양하게 활용하면 다 맛있어요.
단단한 채소는 김이 더 강한 아랫단에, 그 밖의 채소들은 윗단에 넣고 찌면
한꺼번에 다양한 채소를 적당한 식감으로 즐길 수 있답니다.

찌는 시간
중불
15분

분량 **2인분** | 난이도 ✦◇◇

재료
- 당근 … 1개
- 고구마 … 1개
- 미니 단호박 … ½개
- 가지 … 1개
- 애호박 … 1개
- 브로콜리 … ½개
- 새송이버섯 … 1개
- 표고버섯 … 2개
- 두부 … ½모
- 방울토마토 … 4개
- 양배추 … ⅛통

소스
- 간장 … 2T
- 들기름 … 1T
- 올리브유 … 1T
- 다진 마늘 … 1t
- 알룰로스 … 1t

1 당근, 고구마, 단호박, 양배추와 같은 단단한 채소는 5mm 정도 두께로 얇게 슬라이스해 주세요.

2 나머지 채소(가지, 애호박, 브로콜리, 표고버섯)와 두부는 한 입 크기로 먹기 좋게 썰어주세요. 방울토마토는 꼭지를 떼어냅니다.

3 분량의 재료를 섞어 소스를 만들어요.

4 찜기 1단에는 단단한 채소를, 2단에는 나머지 채소와 두부를 돌려 담아 준비합니다.

5 김이 오른 냄비에 먼저 1단 찜기를 올립니다.

6 5의 찜기 위에 2단 찜기를 올린 다음 중불에서 15분간 찝니다. 다 쪄지면 먹을 만큼 접시에 덜어낸 뒤 소스를 고루 뿌려 드세요.

 **TIP**

- 단호박을 젓가락으로 찔러봐서 잘 들어가면 익은 상태입니다. 채소의 익힘 정도는 취향에 따라 찌는 시간을 조절해 주세요.
- 소스에 들깻가루 1T를 넣어도 고소하니 맛있어요.

닭가슴살카레찜

밥이나 빵 없이도 한 끼 든든하고 맛있게 즐길 수 있는 다이어트 요리예요.
카레의 풍미 덕분에 닭가슴살과 채소를 더 다채롭게 즐길 수 있답니다.
찜기에 쪄내는 방식이라 닭가슴살의 퍽퍽함이 줄어들 뿐만 아니라
채소 하나하나 본연의 맛과 풍미가 살아 있어요.

찌는 시간
중불
15~20분

분량 2~3인분 | 난이도 ✦◇◇

재료

닭가슴살 … 3~4조각(300g)
양파 … ½개
빨강 파프리카 … ½개
노랑 파프리카 … ½개
브로콜리 … 1컵

고기 밑간

간장 … ½T
다진 마늘 … 1t
카레가루 … 1T
후춧가루 … 약간

카레 양념

물 … 3T
카레가루 … 1T

요거트 소스

그릭요거트 … 3T
레몬즙 … 1T
알룰로스 … 1t
후춧가루 … 약간

1 닭가슴살은 한 입 크기로 썬 뒤 분량의 고기 밑간 재료를 넣고 섞어 10분 정도 재어둡니다.

2 양파와 파프리카는 굵게 채 썰고, 브로콜리는 먹기 좋게 잘라주세요.

3 찜기에 종이 포일을 깐 다음, 양파를 깔고 양념한 닭가슴살을 올린 뒤 파프리카와 브로콜리를 고루 돌려 담습니다.

4 분량의 카레 양념 재료를 잘 섞은 다음 3에 전체적으로 고루 뿌려주세요.

5 김이 오른 냄비에 4의 찜기를 올리고 중불에서 15~20분 정도 찝니다.

6 완성된 찜을 그대로 먹거나 기호에 따라 요거트 소스를 만들어서 곁들여 드세요.

 **TIP**
- 닭가슴살카레찜은 3~4번 먹을 분량을 만들어 소분해 두었다가 전자레인지에 간단하게 데워 먹어도 맛있습니다.
- 2~3일 냉장 보관 가능하고, 냉동 보관 후 전자레인지에 데워 먹어도 좋아요.
- 그대로 먹어도 포만감이 충분하지만 곤약밥이나 두부와 함께 먹으면 더 든든합니다.

두부새우찜

단백질은 풍부하고 칼로리는 낮은 두부와 새우를 이용한 담백한 찜 요리예요.
부드러운 두부와 쫄깃한 새우의 식감이 어우러져 풍부한 식감을 즐길 수 있고,
산뜻한 폰즈 소스를 더해 깔끔하게 먹을 수 있어요.
간단하지만 고급스러워 다이어트 요리뿐만 아니라 손님상에 내기에도 손색없답니다.

찌는 시간
중불
10~12분

 분량 2인분 | 난이도 ✦✦✧

재료

두부 … 1모
새우(소) … 8~10마리
대파(흰 부분) … ¼개
맛술 … 1t
전분 … 1t
소금 … 2꼬집
후춧가루 … 2꼬집

폰즈 소스

간장 … 1T
화이트발사믹식초 … ½T
레몬즙(또는 유자청) … 1T
물 … ½T

1 두부는 채반에 밭쳐 물기를 제거하고, 새우는 껍질을 제거하고 다져 준비합니다.

2 두부는 4등분 한 뒤 숟가락으로 윗면 가운데 부분을 파내 주세요.

3 볼에 2의 파낸 부분 두부와 1의 다진 새우, 다진 대파, 맛술, 전분, 소금, 후춧가루를 넣고 고루 섞어주세요.

4 2의 두부의 동그란 홈 안에 3의 새우 반죽을 위로 봉긋하게 올라오록 넣어 찜기에 담은 다음 중불에서 10~12분 쪄요.

5 분량의 폰즈 소스 재료를 고루 섞고, 고명으로 쓸 대파 흰 부분을 채 썰어 준비해 주세요.

6 완성된 두부새우찜 위에 폰즈 소스를 뿌리고 대파채를 올려서 드세요.

 **TIP**
- 폰즈 소스에 고추기름과 청양고추 다진 걸 조금 넣어주면 중화풍 두부새우찜이 됩니다.
- 두부를 5X5cm 크기로 도톰하게 슬라이스한 뒤 멘보샤처럼 중간에 새우살 반죽을 넣고 쪄서 폰즈 소스에 찍어 먹어도 좋아요.

오징어양배추찜

달큰한 양배추와 쫄깃한 오징어는 생각보다 궁합이 잘 맞는 재료예요.
오징어의 단백질이 양배추의 비타민과 만나 영양 흡수에도 도움을 줄 수 있어요.
여기에 새콤짭짤한 소스를 더해 특별식으로 오징어양배추찜을 만들어 보세요!

찌는 시간
중불
7~8분

분량 2인분　　**난이도** ✦✦✧

재료
오징어(몸통) … 2마리
양배추 … ¼통
양파 … ½개
당근 … ⅓개
소금 … 2꼬집
후춧가루 … 2꼬집
맛술 … 1t

소스
간장 … 1½T
화이트발사믹식초 … 1T
레몬즙 … 1T
참기름 … 1t
다진 마늘 … 1t

1 오징어는 깨끗이 손질해 링 모양으로 썰어주세요.

2 양배추, 양파, 당근은 먹기 좋은 크기로 썰어주세요.

3 찜기에 채소 - 오징어 순으로 담고 소금, 후춧가루, 맛술을 뿌려주세요.

4 냄비에 김이 오르면 3의 찜기를 올리고 중불에서 7~8분간 찝니다.

5 분량의 재료를 고루 섞어 소스를 만들어요.

6 접시에 4의 오징어양배추찜을 담고 5의 소스를 뿌려서 드세요.

TIP
- 소스에 고춧가루나 레드페퍼를 살짝 뿌리거나 청양고추를 썰어 넣으면 매콤하게 즐길 수 있어요.
- 오징어는 오래 가열할수록 질겨지니 10분 이내에 요리를 완성해 주세요.
- 화이트발사믹식초는 일반 식초와 달리 단맛이 함께 납니다. 요리나 소스의 맛을 한층 더 고급스럽게 만들어 주고 해산물과도 잘 어울려요.

알배추찜

알배추 하나만으로 만드는 근사한 요리예요.
새콤달콤매콤한 유린기풍 소스를 활용해 맛있게 즐길 수 있답니다.
알배추의 단맛이 극대화되는 가을, 겨울에 해 먹기 좋아요.

찌는 시간
중불 6분

분량 2~3인분 | 난이도 ✦◇◇

재료
알배추 … ¾~1포기
빨강 파프리카 … ½개
노랑 파프리카 … ½개
양파 … ½개
대파 … ½개
청양고추 … 2개

소스
물 … 2T
간장 … 3T
식초 … 2T
다진 마늘 … 1t
설탕 … 1T
깨 … 1t

1. 깨끗이 씻은 배추는 4등분 해주세요.

2. 물이 끓어오르면 배추를 찜기에 넣고 중불에서 6분간 쪄주세요.

3. 파프리카, 양파, 대파, 청양고추는 잘게 다진 뒤 분량의 소스 재료와 섞어 소스를 준비해 주세요.

4. 잘 쪄진 알배추는 한 김 식힌 뒤 접시에 담고 3의 소스를 듬뿍 올려 드세요.

TIP
- 알배추 사이사이에 샤부샤부용 소고기처럼 얇은 고기를 끼워 넣고 쪄 먹어도 맛있어요. 고기를 함께 찔 때는 8분 정도 쪄주세요.
- 조금 더 아삭하게 알배추를 즐기고 싶다면 찌는 시간을 조금 줄여도 좋아요.
- 소스에 고추기름을 1T 정도 더해 주면 더 중화요리 같은 느낌이 나요.

연어채소찜

오메가3가 풍부한 고단백 연어를 풍부한 채소와 함께
맛있게 즐기는 다이어트 요리예요.
찜 방식으로 조리해 기름과 열량을 줄이면서도 재료 본연의 풍미를
그대로 살려줍니다. 다양한 컬러의 채소들을 곁들여 눈으로 먼저 드세요!
다이어트는 물론, 손님 초대 요리나 주말 브런치 메뉴로도 손색없는 고급 요리예요.

찌는 시간
중불
10~12분

분량 2인분 | 난이도 ✦✦✧

재료

연어(스테이크용) … 2조각
아스파라거스 … 4줄기
브로콜리 … 1컵
빨강 파프리카 … ½개
노랑 파프리카 … ½개
미니 당근 … 3~4개
방울토마토 … 4개
양배추 … ⅛통
샬롯 … 1개
올리브유 … 1T
소금 … 4꼬집
후춧가루 … 4꼬집
레몬 … ½개

요거트 소스

플레인요거트 … 3T
레몬즙 … 1T
파슬리가루 … 1t
올리브유 … 1t
알룰로스 … ½t
소금 … 약간
후춧가루 … 약간

연어는 소금, 후춧가루, 올리브유를 고루 뿌린 뒤, 슬라이스한 레몬을 올려 5분 정도 둡니다.

준비한 채소는 모두 먹기 좋게 한 입 크기로 썰어주세요.

찜기에 먼저 2의 채소를 깔고 위에 1의 연어를 올린 다음 김이 오른 냄비에 올려 중불에서 10~12분간 쪄주세요.

분량의 재료를 섞어 소스를 만들어서 곁들여 드세요.

TIP
- 요거트 소스 대신 깔끔하게 연겨자 소스나 폰즈 소스 등에 찍어 먹어도 잘 어울려요.
- 연어 대신 다른 생선이나 해산물로 만들어도 맛있어요.

파프리카달걀찜

달큰한 파프리카와 고소한 달걀찜의 매력을 한 번에 느낄 수 있는 요리예요.
맛뿐만 아니라 달걀에 부족한 비타민과 식이섬유를 파프리카가 풍부하게 채워줄 수 있으니
영양 만점 한 끼 메뉴로 즐겨보세요!

찌는 시간
중불
15~20분

분량 2인분 | **난이도** ✦✦✧

재료

파프리카 … 2개
부추 … 2줄기
당근 … 10g
달걀 … 2개
물 … ½컵
소금 … 2꼬집

파프리카는 꼭지 부분을 잘라낸 뒤 씨와 지저분한 부분을 제거해 주세요.

부추와 당근은 잘게 다집니다.

달걀에 분량의 물과 소금, **2**의 부추, 당근을 넣고 섞어주세요.

1의 파프리카에 **3**의 달걀물을 ⅔ 정도 채운 뒤 꼭지를 덮어 찜기에 담고 김이 오른 냄비에 올려 중불에서 15~20분간 쪄요.

 **TIP**
- 찜기에 찌면 파프리카까지 촉촉해져서 훨씬 부드럽게 즐길 수 있어요.
- 간편하게 만들고 싶다면 전자레인지에 3~4분 돌려도 됩니다. 전자레인지로 만들 때는 중간중간 상태를 체크한 후 시간을 조절해 주세요.
- 혹시 파프리카가 넘어질까 봐 세워서 찌는 게 걱정된다면 파프리카의 길이 방향으로 반으로 잘라 눕혀서 쪄도 좋아요.

PART 5

따뜻하고 부드러운
건강한 한 입
만두 & 디저트

간단만두

만두는 손이 많이 갈 것 같지만,
재료만 잘 준비하면 누구나 쉽게 만들 수 있어요.
특히 양배추와 숙주 같은 아삭한 채소를 듬뿍 넣어
느끼함 없이 담백하고, 식감과 맛 모두 가벼운 홈메이드 만두를 즐길 수 있습니다.
집에서 만드는 만큼 속 재료도 마음껏 조절할 수 있으니 든든한 간식, 가벼운 한 끼로 딱 좋아요.

찌는 시간
중불
10분

분량 2인분 | 난이도 ✦✦✧

재료
돼지고기(다짐육) … 150g
만두피 … 15장
양배추 … 100g
숙주나물 … 100g

양념
간장 … 1T
다진 마늘 … 1t
다진 대파(흰 부분) … 2T
소금 … 2꼬집
후춧가루 … 2꼬집

소스
간장 … 1T
화이트발사믹식초 … 1T
깨 … 1t

1 볼에 돼지고기 다짐육, 곱게 채 썬 양배추, 분량의 양념 재료를 모두 넣고 찰기가 생기도록 섞어 만두소를 만듭니다.

2 만두피 가장자리에 물을 바르고 중앙에 1의 만두소를 올린 뒤 반으로 접어 고정합니다.

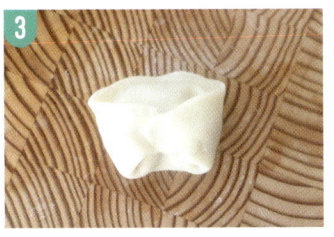

3 2의 만두의 양쪽 모서리 끝에 물을 발라 가운데로 접어 눌러 붙여 줍니다.

4 찜기에 깨끗이 씻은 숙주를 깔고 만두를 올린 뒤 김이 오른 찜기에 넣고 중불에서 10분 찐 다음 분량의 재료를 섞어 만든 소스를 곁들여 드세요.

TIP
- 더 부드러운 식감의 만두를 원한다면 만두소에 두부를 넣어보세요.
- 숙주나물 대신 알배추나 양배추를 적당히 썰어 깔고 쪄서 만두와 함께 먹어도 맛있어요.
- 화이트발사믹식초 대신 일반 식초를 사용해도 상관없습니다.

라이스페이퍼새우만두

밀가루 만두피 대신 쫀득한 라이스페이퍼로 만드는 만두예요.
쫄깃탱글한 새우 살을 넣어 식감도 예술!
새우만 넣어도 되지만, 돼지고기도 같이 넣어주면 훨씬 더 맛있어요.
밀가루가 부담스러울 땐 쉽고 간단한 라이스페이퍼 만두를 만들어 보세요.

찌는 시간
중불 5분

분량 2~3인분 | 난이도 ✦✦✧

재료

새우(중) … 10마리
돼지고기(다짐육) … 100g
라이스페이퍼 … 5장
대파 … ½개
맛술 … 1t
참기름 … 1t
다진 마늘 … 1t
소금 … 2꼬집
후춧가루 … 2꼬집

소스

간장 … 1T
식초 … 1T
깨 … 1t

1 돼지고기 다짐육에 잘게 썬 대파와 맛술, 참기름, 다진 마늘, 소금, 후춧가루를 넣고 고루 치대주세요.

2 새우는 소금물에 한 번 헹군 뒤 크기가 크면 반으로 잘라 준비하고, 물에 적신 라이스페이퍼 중앙에 간격을 두고 새우 2개를 올립니다.

3 2의 새우 위에 1의 돼지고기 반죽을 동그랗게 뭉쳐 각각 올려요.

4 라이스페이퍼 위 아래를 중앙으로 접어 소를 감싼 다음 가운데를 가위로 잘라 나눕니다.

5 라이스페이퍼로 소를 잘 감싸 만두를 만든 뒤 실리콘 깔개를 깐 찜기에 올려주세요.

6 냄비에 김이 오르면 5의 찜기를 올리고 중불에서 5분간 쪄주세요.

TIP
- 고기소 없이 오로지 새우 한 가지만 넣고 만들어 먹어도 맛있어요.
- 라이스페이퍼는 찬물에 가볍게 적셔서 사용해야 만드는 동안 적당히 부드러워져요.

고구마찐빵

핫케이크가루를 이용해 쉽고 간단하게 만드는 찐빵 레시피예요.
찜기에 쪄내면 촉촉하고 폭신하니 끝도 없이 들어가는 간식이 된답니다.
포슬포슬 씹히는 고구마도 매력적이에요.

찌는 시간
중불 10분

 분량 2~3인분 | 난이도 ✦◇◇

재료

고구마 … 150g
핫케이크가루 … 150g
우유 … ½컵
달걀 … 1개
알룰로스 … 1T
올리브유 … 1T

1 고구마는 깨끗이 세척한 후 껍질째 가로 세로 1cm 크기의 큐브 모양으로 썬 다음 물에 담가주세요.

2 볼에 핫케이크가루와 우유, 달걀, 알룰로스, 올리브유를 넣고 섞어요.

3 2에 1의 고구마를 넣고 섞습니다. 이때 토핑용으로 사용할 고구마는 소량 남겨두세요.

4 3의 반죽을 머핀 틀에 담고 토핑용 고구마 조각을 위에 올린 다음 김 오른 찜기에 넣어 중불에서 10분간 쪄요.

TIP
- 고구마를 더 부드럽게 즐기고 싶다면 자른 고구마를 전자레인지에 2~3분 돌려 사용하세요.
- 찜기에 찌면 더 촉촉하고 부드럽지만 귀찮다면 전자레인지 용기에 담아 랩을 씌운 뒤 구멍을 내고 5~6분 돌려도 됩니다.
- 고구마 대신 단호박을 이용해도 맛있어요.
- 다이어트 중이라면 핫케이크가루 대신 쌀가루를 사용해 보세요. 쌀가루 사용 시 60~70g만 넣어주세요.

막걸리술빵

이스트 대신 막걸리의 발효 성분을 이용해
자연스럽게 부풀려 만드는 우리 전통 간식이에요.
발효에 시간이 좀 걸리긴 하지만
집에서도 어렵지 않게 만들 수 있으니
사 먹지 말고 취향대로 집에서 갓 찐 빵을 즐겨보세요.

찌는 시간
중불 30분
+
뜸 들이기 10분

분량 3~4인분 | 난이도 ✦✦✦

재료
- 생막걸리 … 2½컵
- 달걀 … 2개
- 설탕 … 100g
- 소금 … 6g
- 밀가루(중력분) … 500g
- 베이킹파우더 … 1t
- 건포도 … ½컵

1 볼에 분량의 막걸리와 달걀, 설탕, 소금을 넣고 고루 섞어주세요.

2 1에 체에 친 밀가루와 베이킹파우더를 넣고 섞어요.

3 2의 반죽을 뚜껑을 덮거나 랩으로 싼 다음 따뜻한 곳에서 4시간 정도 발효해 주세요.

4 찜기에 면포를 깔고 3의 발효시킨 반죽을 부은 다음 건포도를 올립니다.

5 김이 오른 냄비에 4의 찜기를 얹어 중불에서 30분 찐 다음 불 끄고 10분 뜸 들여 주세요.

6 5의 빵을 찜기에서 꺼내 한 김 식힌 뒤 먹기 좋게 잘라 드세요.

TIP
- 막걸리는 반드시 생막걸리를 사용해야 발효가 진행돼요. 마트나 편의점에서 '생막걸리'라고 표기되어 있는 제품을 구입하면 됩니다.
- 반죽이 2배 정도로 커질 때까지 발효합니다. 겨울에는 전기장판 위에 얹어 이불이나 담요 등을 덮어주세요.
- 찜기 밑면에 끓는 물이 닿으면 빵이 축축해져요. 깊은 냄비를 사용하거나 물 양을 적당히 해서 끓이다 중간중간 부족한 물을 추가하는 게 좋습니다.
- 취향에 따라 토핑은 얇게 썬 단호박이나 크랜베리, 삶은 콩 등을 추가해도 좋아요.

단호박설기떡

애매하게 남은 단호박이 있다면
습식 쌀가루를 이용해 집에서 설기떡을 만들어 보세요.
전문점 비주얼은 아니더라도 기가 막히게
맛있는 떡을 집에서도 만들 수 있답니다.
취향껏 콩이나 건과일 등을 넣어
집에서 건강한 간식으로 만들어 드세요!

찌는 시간
중불 40분
+
뜸 들이기 10분

분량 4~5인분 | 난이도 ✦✦✦

재료

습식 쌀가루 … 750g
단호박 … ½개
모둠 콩 … 1컵
설탕 … 6¼T(75g)
소금 … 1½~2t

콩 삶기 양념

소금 … 1t
설탕 … 1T

※ 습식 쌀가루

습식 쌀가루는 체에 걸러 손으로 쥐었을 때 잘 뭉치고 통통 튕겨봤을 때 흩어지지 않으면 반죽이 적당한 거예요. 만약 잘 뭉치지 않는다면 적당한 상태가 될 때까지 물을 조금씩 추가해 가며 섞어주세요. 이를 '물 주기'라고 합니다. 요즘은 시판 습식 쌀가루의 경우 물 주기까지 다 되어서 나오더라고요. 간도 적당히 된 상태로 판매해 따로 간할 필요 없어 집에서도 쉽게 떡을 만들 수 있어요. 방앗간에서 빻아 온 쌀가루라면 물 주기와 소금, 설탕으로 간 맞추는 과정을 더해 주세요.

1 모둠 콩은 3~4시간 불린 뒤 냄비에 충분한 물과 분량의 콩 삶기 양념 재료를 넣고 20분간 삶아주세요.

2 단호박은 껍질을 깎고 먹기 좋게 잘라요.

3 습식 쌀가루는 체에 한 번 걸러주세요.

4 3의 쌀가루에 단호박과 삶아서 식힌 모둠 콩, 설탕, 소금을 모두 넣고 고루 섞어요.

5 찜기에 면포를 깔고 4의 반죽을 고루 펼쳐 담은 뒤 면포로 위쪽을 덮어주세요.

6 김이 오른 냄비에 찜기를 올리고 중불에서 40분, 불 끄고 뜸 들이기 10분 해주세요. (젓가락으로 찔러봤을 때 날가루가 묻어나지 않으면 다 익은 거예요.)

TIP
- 단호박은 자체 수분이 있어 떡이 질어질 수 있어요. 먹는 데는 지장이 없지만 모양을 예쁘게 잡고 싶다면 전날 단호박을 썰어 말려두었다가 넣어보세요. 떡 모양이 훨씬 예쁘게 잡힙니다.
- 찜기 아래에 물이 닿으면 떡이 질어져요. 아랫부분이 닿지 않게 물을 적당히 넣어주세요.
- 일반 찜기를 이용할 경우 면포로 윗면을 덮지 않으면 뚜껑에 맺힌 물이 떨어져 떡이 질어질 수 있으니 윗면도 꼭 덮어주세요. 대나무 찜기를 이용하면 윗면을 안 덮어도 물이 떨어지지 않아요.

쑥버무리

봄에는 향긋한 생쑥으로, 다른 계절에는
냉동 쑥으로 쑥버무리를 만들어 먹을 수 있어요.
쌀가루만 있으면 생각보다 어렵지 않게 만들 수 있어요.
쑥에는 비타민과 무기질이 풍부해
피로 회복과 면역력 강화에도 도움을 줄 수 있다고 하니
찜기로 향긋한 쑥버무리 포슬포슬 쪄내 맛있게 즐겨보세요.

찌는 시간
중불 25분

분량 2~3인분   난이도 ✦✦✧

재료
냉동 쑥 … 300g
습식 쌀가루 … 250g
설탕 … 2½T(30g)
소금 … ⅔t(3g)

1. 냉동 쑥은 자연 해동한 뒤 끓는 물에 살짝 데친 다음 찬물에 헹궈 물기를 꼭 짜주세요.

2. 쌀가루에 설탕, 소금을 넣어 섞은 뒤 1의 쑥을 넣고 고루 섞어요.

3. 찜기에 면포나 실리콘 깔개를 깔고 2의 떡가루를 고루 펼쳐 담습니다.

4. 김이 오른 냄비에 3의 찜기를 올리고 면포로 덮은 다음 중불에서 25분 정도 찝니다. (젓가락으로 찔러봤을 때 날가루가 묻어나지 않으면 다 익은 거예요.)

TIP
- 생쑥을 이용하면 반죽의 가루가 날릴 수 있어요. 이때 물을 1~2T 넣어 가루가 날리지 않게 잡아주세요.
- 건포도나 대추를 조금 넣으면 달큰하고 쫀득하게 씹히는 식감이 생겨 좋아요.
- 찜기 아래에 물이 닿으면 떡이 질어져요. 아랫부분이 닿지 않게 물을 넣어주세요.
- 일반 찜기를 이용할 경우 면포로 윗면을 덮지 않으면 뚜껑에 맺힌 물이 떨어져 떡이 질어질 수 있으니 윗면도 꼭 면포로 덮어주세요. 대나무 찜기를 이용하면 윗면을 안 덮어도 물이 떨어지지 않아요.

찜기 만능 레시피북

초판 1쇄 인쇄 2025년 11월 17일
초판 1쇄 발행 2025년 11월 24일

지은이 임은진
발행인 손은진
개발책임 김문주
개발 김민정 정은경
제작 이성재 장병미
마케팅 엄재욱 강보현
디자인 BIGWAVE

발행처 메가스터디(주)
출판등록 제2015-000159호
주소 서울시 서초구 효령로 304 국제전자센터 24층
전화 1661-5431 팩스 02-6984-6999
홈페이지 http://www.megastudybooks.com
출간제안/원고투고 writer@megastudy.net

ISBN 979-11-297-1611-8 13590

이 책은 메가스터디(주)의 저작권자와의 계약에 따라 발행한 것이므로
무단 전재와 무단 복제를 금지하며, 이 책 내용의 전부 또는 일부를 이용하려면
반드시 저작권자와 메가스터디(주)의 서면 동의를 받아야 합니다.
잘못된 책은 구입하신 곳에서 바꾸어드립니다.

메가스터디BOOKS

'메가스터디북스'는 메가스터디(주)의 출판 전문 브랜드입니다.
유아/초등 학습서, 중고등 수능/내신 참고서는 물론, 지식, 교양, 인문 분야에서 다양한 도서를 출간하고 있습니다.